Stahl | Einführung in die Metaethik

Titus Stahl

# Einführung in die Metaethik

Reclam

RECLAMS UNIVERSAL-BIBLIOTHEK Nr. 19137

Gestaltung: Cornelia Feyll, Friedrich Forssman
Gesamtherstellung: Reclam, Ditzingen. Printed in Germany 2013

ISBN 978-3-15-019137-8

Auch als E-Book erhältlich

www.reclam.de

# Inhalt

# Vorbemerkung

Moralische Fragen gehören zu unserem Alltag. Das Nachdenken über Moral ist daher keine abstrakte philosophische Angelegenheit, sondern es ist wesentlich für die Frage, wie wir leben wollen. Anders als bei manchen anderen Themen kann die Philosophie im Bereich moralischen Überlegens deshalb direkt an Probleme anschließen, die sich uns im täglichen Umgang miteinander stellen. Fast alle Menschen fragen sich zumindest gelegentlich, was genau eigentlich »Moral« in einer bestimmten Situation für sie bedeutet. Wenn wir solche Fragen stellen, zeigt sich schnell, dass wir in Bezug auf Moral Intuitionen haben, die nicht immer zusammenpassen: Einerseits scheint Moral für uns nur wichtig zu sein, insofern sie unsere eigene Moral ist bzw. insofern wir ihr zustimmen können. Deshalb scheint die Moral nicht Bestandteil der »objektiven« Welt, sondern unserer Weltsicht, nicht Gegenstand ewiger Wahrheiten, sondern unserer Selbstbestimmung zu sein. Andererseits können wir moralische Urteile nicht vollständig verstehen, wenn wir nicht hinterfragen, ob sie *tatsächlich* richtig sind. Wir müssen also voraussetzen, dass es in der Moral richtige und falsche Antworten gibt. Dann kann aber unsere Zustimmung zu ihr nicht das einzige Kriterium ausmachen: Moral muss auch reflektieren, was *objektiv* gut oder schlecht ist.

Stellen wir uns in dieser Weise die Frage, was genau eigentlich Moral ist, so sind wir schon mitten im Gebiet der Lehre von dem allgemeinen Charakter moralischen Urteilens, also der Metaethik. Die Metaethik ist daher eines der philosophischen Gebiete, deren Verbindung zu unserem alltäglichen Denken von vorneherein gegeben ist.

Dieses Buch gibt eine Einführung in die Metaethik. Das heißt, dass es sich auf die Kernfragen konzentriert und die zentralen Positionen einander möglichst klar gegenüberstellt. Es heißt aber auch, dass nicht jede Position berücksichtigt werden kann und dass viele der Details einzelner Argumente zugunsten einer Darstellung ihres Kerns vernachlässigt werden müssen. Die deutschsprachigen Einführungen in die Ethik, insbesondere die im Literaturverzeichnis angegebenen Bände von Michael Quante und Dieter Birnbacher, bieten zu vielen Fragen, die nicht den Kernbereich der Metaethik betreffen, einen umfassenderen Überblick, als ich ihn geben könnte. Zur Vertiefung empfehle ich die extrem detailreiche (englischsprachige) Einführung von Alexander Miller.

Das Buch besteht aus zwei Teilen. In den Kapiteln eins bis vier werden zentrale Begriffe und wichtige Grundpositionen der Metaethik eingeführt. Ab dem fünften Kapitel werden die wichtigsten Positionen der heutigen Metaethik nacheinander vorgestellt. Diese Abschnitte können daher auch weitgehend unabhängig voneinander gelesen werden. Am Ende des Bandes finden sich Literaturhinweise zu den jeweiligen Kapiteln – aus den dort aufgeführten Werken habe ich jeweils direkt und indirekt Argumente übernommen. Im Interesse der Lesbarkeit wurde jedoch darauf verzichtet, ausführliche Quellenangaben aller einzelnen Argumente in Fußnoten anzugeben.

Beim Verfassen des Buches habe ich von den Anmerkungen von Stefano Bacin, Hannah Bayer, Andreas Maier, Achim Vesper und Christian Wendelborn profitiert. Für ihre Hilfe bin ich sehr dankbar. Babette Knauer danke ich nicht nur für die zahlreichen Verbesserungsvorschläge, sondern auch für die Unterstützung, ohne die ich dieses Buch nicht hätte verfassen können.

# 1 Metaethik

## Was ist Metaethik?

Falls wir – das heißt, wir Menschen – handeln oder handeln wollen, kommen wir früher oder später mit *Normen und Pflichten* in Berührung, also mit Vorschriften und Erwägungen, die uns sagen, was erlaubt, geboten und verboten ist, welches Handeln richtig und falsch ist, welche Handlungen oder Ziele gut oder schlecht sind. Manche dieser Normen haben einen speziellen Charakter, der sie zu *moralischen* Normen macht. Dieser Charakter ergibt sich zunächst daraus, dass sie bestimmte moralische Reaktionen rechtfertigen: Wird eine moralische Norm von uns verletzt, empfinden wir Schuld, wird sie von anderen verletzt, Empörung. Die meisten Theorien der Moral nehmen auch an, dass die Einhaltung moralischer Normen unabhängig von sozialen Konventionen oder rechtlichen Regeln allgemein verbindlich von uns gefordert werden darf. Dass es solche Normen gibt, erlaubt uns, *moralische Urteile* zu treffen: Wir sagen, dass bestimmte Handlungen erlaubt, richtig oder gut, beziehungsweise verboten, falsch oder schlecht *im moralischen Sinne* sind.

Für die meisten von uns spielen diese Überlegungen eine unmittelbare praktische Rolle: Finden wir etwa einen Geldschein auf der Straße, werden wir uns überlegen, ob wir ihn bei der dafür zuständigen Stelle abgeben sollen. Bei dieser Überlegung denken die meisten Menschen nicht nur an rechtliche Normen (»Werde ich bestraft, wenn ich ihn nicht abgebe?«), sondern eben auch an moralische Normen. Es ist eine verständliche und relevante Frage, ob wir *moralisch dazu verpflichtet* sind, gefundenes Geld abzugeben.

Die *normative Ethik* ist diejenige Teildisziplin der Philosophie, die versucht, Prinzipien zu finden, die es uns erlauben, solche Fragen begründet zu beantworten. Eine Überlegung in diesem Bereich könnte etwa darin bestehen, das Prinzip aufzustellen, dass all jene Handlungen richtig sind, die zur Steigerung des allgemeinen Glücks beitragen, und dass deshalb der Geldschein abgegeben werden muss, weil ein anderes Prinzip das wechselseitige Vertrauen untergraben und damit zu Misstrauen und letztlich Unglück führen würde.

Mit der Frage danach, *welche* moralischen Normen die richtigen Normen sind, hören die philosophisch interessanten Fragen an die Moral jedoch nicht auf: Selbst dann, wenn wir uns auf bestimmte Normen festlegen, die wir für richtig halten, ist damit noch nicht erklärt, *was* moralische Normen und moralische Eigenschaften (wie »moralisch gut«) eigentlich *sind.*

Bezüglich dieser Frage haben wir Intuitionen, die in einem gewissen Gegensatz zueinander stehen: Einerseits sind moralische Normen nicht etwas, das »von außen« über uns kommt. Sie setzen uns nicht faktische Grenzen, wie die Naturgesetze, sondern sie fordern uns auf, sie anzuerkennen. Moralische Prinzipien sind also Ausdruck dessen, was *wir* aus guten Gründen als verpflichtend akzeptieren. Andererseits versuchen wir, wenn wir moralisch urteilen, nicht nur herauszufinden, was *wir* persönlich über einen Sachverhalt denken oder fühlen, sondern wir versuchen herauszufinden, was wir denken und fühlen *sollten.* Wir wissen, dass unsere eigene Position auch falsch sein könnte. Moralische Urteile sind also darum bemüht, bestimmte Maßstäbe zu reflektieren, die nicht bloß subjektiv sind, sondern uns irgendwie *objektiv vorgegeben* sind.

Die Spannung, in der diese beiden Intuitionen stehen, zeigt sich, wenn wir uns fragen: Ist die richtige Moralphilosophie deshalb richtig, weil sie *von uns unabhängige* Maßstäbe *erfasst*, oder ist sie deshalb richtig, weil sie *unsere eigenen* Maßstäbe in angemessener Weise *ausdrückt*?

Um diese Frage zu beantworten, müssen wir eine Reihe anderer Fragen in Betracht ziehen: Was genau ist ein moralisches Urteil und worüber ist es ein Urteil? Kann ein solches Urteil im engeren Sinne wahr oder falsch sein? Falls ja: Kann es »objektiv« wahr sein, das heißt, unabhängig von jeder spezifischen Perspektive? Was heißt es, dass eine Handlung »richtig« oder »gut« ist? Wird damit eine Eigenschaft beschrieben, die im gleichen Sinne »in der Welt« ist wie Größe, Temperatur und Gewicht eines Objekts? Können wir »moralische Richtigkeit« wissenschaftlich feststellen?

All diese Fragen weisen auf eine einzige Grundfrage hin, nämlich auf die Frage, was wir *tun* und was wir *meinen*, wenn wir moralisch urteilen. Diese Frage ist das Thema der Metaethik, die daher nicht konkrete moralische Probleme erwägt, sondern einen Schritt zurückgeht und diese Tätigkeit, also das Erwägen moralischer Fragen, noch einmal *selbst* zum Gegenstand des Nachdenkens macht. Die Metaethik interessiert sich weniger für diese oder jene konkrete Aussage darüber, was moralisch geboten oder verboten ist, sondern dafür, wie solche Aussagen *allgemein* funktionieren und wie dasjenige, *über das* sie Aussagen sind (falls sie überhaupt über »etwas« Aussagen sind), beschaffen ist.

Diese abstrakte Bestimmung kann konkretisiert werden, wenn wir uns noch einmal das Urteil, dass gefundenes Geld abzugeben moralisch geboten ist, ansehen. In der *normativen Ethik* beschäftigt man sich mit der Frage, ob dieses konkrete Urteil richtig oder falsch ist. In der Metaethik beschäftigt man sich hingegen damit, was wir tun, wenn wir solche Urteile fällen, woher wir glauben, das Wissen über eine solche Sache zu haben, und was wir mit einer entsprechenden Aussage meinen. Beschreiben wir damit eine von uns unabhängige Realität oder geben wir nur unseren persönlichen Präferenzen Ausdruck? Auf welchen Typ von Sachverhalten beziehen sich solche Urteile – auf natürliche Sachverhalte oder auf nicht-natürliche Sachverhalte? Bei der Diskussion solcher Probleme spielt es meistens zunächst keine große Rolle, welche konkrete Moraltheorie wir für richtig halten: Die Metaethik kann sich (mehr oder weniger) neutral gegenüber konkreten moralischen Fragen verhalten.

Um die Frage zu beantworten, wie wir moralische Urteile verstehen sollen, ist es zunächst notwendig, etwas zum Begriff »moralisches Urteil« zu sagen. Mit diesem Ausdruck sind natürlich nicht nur die konkreten sprachlichen Äußerungen moralischer Urteile gemeint, die Menschen von sich geben. Ein moralisches Urteil zu fällen, bedeutet, eine bestimmte *Haltung* zu einer moralischen Frage einzunehmen. Diese Haltung kann sich in sprachlichen Urteilen äußern, muss dies aber nicht. Sie muss auch nicht stets kognitiv präsent sein. Im folgenden wird der Begriff »moralisches Urteil« aber relativ liberal sowohl für solche Festlegungen als auch für entsprechende Aussagen verwendet.

Im Verlauf dieser Einführung wird die Frage eine große

Rolle spielen, ob moralische Urteile in einem gewöhnlichen Sinne einstellungsunabhängig *wahr* oder *falsch* sein können. Bezüglich dieser Frage haben viele Menschen widersprüchliche Intuitionen. Einerseits halten wir es für glaubhaft, dass die Antwort auf die Frage, ob eine Handlung moralisch richtig oder falsch *ist*, unabhängig davon ist, ob wir ein entsprechendes Urteil subjektiv für wahr oder falsch *halten*. Wir können uns darüber irren, und deshalb hat die Moral den Anspruch, Tatsachen auszudrücken, die unabhängig von unserer Zustimmung existieren. Sie hat also einen Anspruch auf *Objektivität*. Andererseits sind diese Tatsachen nicht völlig unabhängig von uns Menschen: Es fällt schwer, sich vorzustellen, dass es moralische Tatsachen gäbe, wenn es keine Menschen und keine anderen ähnlich intelligenten und sich ihrer selbst bewussten Lebewesen im Universum gäbe. Moral, so könnte man daher denken, ist notwendigerweise mit menschlichen Haltungen und Einstellungen verknüpft, und daher sind Urteile über sie nicht im gleichen Sinne *einstellungsunabhängig* wahr oder falsch wie Urteile über andere Tatsachen (etwa über Tatsachen hinsichtlich physikalischer Regelmäßigkeiten). Zudem gilt: Wenn moralische Urteile unabhängig von unseren Einstellungen wahr oder falsch sind, dann sind sie *entweder* wahr *oder* falsch. Das heißt aber auch, dass kein moralisches Urteil für die eine Person wahr und für die andere falsch ist. Daraus scheint zu folgen, dass über die Geschichte und über alle Kulturgrenzen hinweg nur eine einzige Moral richtig ist. Führt man sich diese Konsequenzen vor Augen, so scheint es plötzlich nicht mehr so offensichtlich, ob es tatsächlich so ist, dass moralische Urteile in einem gewöhnlichen Sinne wahr oder falsch sein können.

Man kann die Metaethik also als die Disziplin bezeichnen, die sich mit der Frage nach dem allgemeinen Charakter von moralischen Urteilen (also von Urteilen, deren Gehalt man durch Sätze wie »X ist moralisch geboten« oder »X ist moralisch richtig« ausdrücken kann), moralischen Einstellungen und moralischen Tatsachen beschäftigt. Dabei stellt sie vor allem folgende drei Fragen:

(1) Was bedeuten die sprachlichen Ausdrücke, die wir im Rahmen moralischer Urteile anwenden, also Begriffe wie »moralisch richtig« und »moralisch gut«? Dies ist eine Frage hinsichtlich der Bedeutung, also eine *semantische* Frage. Dabei geht es weniger um den *Gehalt* dieser Begriffe, also darum, welche konkreten Handlungen unter den Begriff »moralisch richtig bzw. gut« fallen und welche Beschreibung wir von ihnen geben, als um die allgemeine *Art von Begriff*, die »moralisch richtig bzw. gut« darstellt.

(2) Falls sich moralische Urteile auf bestimmte moralische »Sachverhalte« (»X ist richtig«) oder moralische »Eigenschaften« (»X ist gut«) beziehen: Was für Sachverhalte oder Eigenschaften sind dies? Handelt es sich dabei um natürliche oder übernatürliche, naturwissenschaftlich erklärbare physische oder mentale Eigenschaften? Dies ist eine Frage bezüglich der Beschaffenheit und der Existenzform eines bestimmten Gegenstandsbereichs, also eine *metaphysische* Frage.

(3) Wie können wir *wissen*, was moralisch richtig ist, und wie können wir moralische Urteile im allgemei-

nen rechtfertigen? Dies ist eine Frage der Erkenntnis und Rechtfertigung, also eine *epistemische* Fragestellung.

Diese drei Fragen hängen zusammen und müssen daher zusammen geklärt werden.

## Ein Problem mit der Moral

Durch die Beschäftigung mit metaethischen Fragen gelangen wir, wenn wir erfolgreich sind, zu einem besseren Verständnis unserer Alltagspraxis des moralischen Urteilens. Sollten wir verstehen, was wir in dieser Praxis tun, wird dies uns, so können wir hoffen, dabei helfen, es *richtig* zu tun. Damit ist jedoch nicht erklärt, weshalb Metaethik eine interessante philosophische Disziplin ist. Es könnte nämlich sein, dass die Antwort auf all diese Fragen offensichtlich ist, dass es also keine Konflikte darüber gibt, wie die richtige Antwort auf diese Fragen lautet. Dies ist jedoch nicht der Fall. Vielmehr ist es so, dass die Metaethik von zahlreichen Problemen geprägt ist. Eines dieser Probleme soll als Leitfaden für diese Einleitung dienen.

Um dieses Problem zu verstehen, lohnt es sich, zwei Annahmen deutlich herauszustellen, die wir bezüglich moralischen Urteilens machen: Dabei handelt es sich um die Annahme der *Objektivität* und die Annahme der *praktischen Relevanz* moralischer Urteile.

Die Annahme, dass moralische Urteile objektiv wahr oder falsch sein können, lässt sich leicht illustrieren, indem wir uns die Frage stellen, wieso wir überhaupt über Moral sprechen oder nachdenken. Stellen wir uns im Alltag die Frage, ob eine Handlung – etwa der Versuch, sich an der Kinokasse vorzudrängeln – moralisch erlaubt ist, so gehen wir selbstverständlich davon aus, dass es nicht nur eine Antwort *gibt*, sondern dass wir auch versuchen sollten, die *richtige* Antwort zu finden.

Eine weitere Annahme, die uns nicht immer, aber in vielen Fällen ganz natürlich erscheint, besagt, dass die Frage danach, was für eine bestimmte Person in einer bestimmten Situation das moralisch Richtige ist, eine Antwort hat, auf die im Prinzip jede und jeder kommen kann – dass also alle denkbaren Personen, vorausgesetzt, dass sie richtig urteilen, die gleiche Antwort auf diese Frage geben sollten. In vielen Fällen ist die Unabhängigkeit des moralisch Guten von einer bestimmten Perspektive schon durch den Charakter der verschiedenen Optionen bestimmt: Es ist – aus welcher Perspektive auch immer – einfach falsch, Menschen zu foltern, weil dadurch ihre Rechte, ihre Interessen und ihre Würde verletzt werden. Hier gibt es kein »für mich« oder »für dich«, sondern es ergibt sich aus der Natur der Sache, dass dies falsch ist.

Natürlich gibt es einen bestimmten Sinn, in dem es von der handelnden Person abhängt, was *für sie* richtig oder falsch ist – in dem Sinne, dass etwas richtig oder falsch ist, das *ihr eigenes Handeln* betrifft: Für einen Nichtschwimmer ist es vielleicht moralisch nicht geboten, zu versuchen, eine ertrinkende Person zu retten, während es für einen frisch ausgeruhten Bademeister absolut moralisch geboten ist. Aber selbst dann, wenn in solchen Fällen von verschiedenen Personen Verschiedenes verlangt werden kann, sind die entsprechenden moralischen Urteile nicht in dem Sinne »für« die eine oder andere Person richtig, dass sie *nur aus ihrer Perspektive* richtig oder gut sind. Die Frage, welches Handeln dieser oder jener konkreten Person in ihrer konkreten Situation moralisch geboten ist, betrifft nicht etwas, über das gleichzeitig ein Beobachter richtig so und ein anderer ebenso richtig anders urteilen könnte. Kurz gesagt: Wir denken über Moral nach und diskutieren über Moral, weil wir die *richtigen* moralischen Urteile treffen wollen. Zwischen richtigen und falschen moralischen Urteilen besteht aber ein objektiver Unterschied. Dieser objektive Unterschied scheint am leichtesten erklärt werden zu können, wenn wir annehmen, dass es hier *Tatsachen* gibt, die wir mit unseren Urteilen richtig begreifen können und über die wir richtige oder falsche Überzeugungen haben können.

### Die praktische Relevanz moralischer Urteile

Die zweite Intuition, die Intuition der praktischen Relevanz moralischer Urteile, lässt sich noch einfacher beschreiben: Immer dann, wenn wir das Urteil treffen, dass eine bestimmte Handlung für uns moralisch geboten ist, geben wir damit nicht nur eine neutrale Beschreibung einer Situation ab. Wir nennen vielmehr damit zugleich immer auch einen *Grund*, diese Handlung auszuführen. Immer dann, wenn sich die Möglichkeit für uns ergibt, eine moralisch gebotene Handlung zu vollziehen, ohne dass ihrem Vollzug andere Gründe entgegenstehen, folgt daraus, dass wir einen Grund für die Ausführung dieser Handlung haben und dass wir, falls wir nicht irrational sind, *motiviert* sein werden, sie zu vollziehen.

Fälle ich das Urteil »Es ist für mich moralisch geboten, Paul zehn Euro zu leihen« und nehme ich zudem an, dass keine anderen Gründe dagegen sprechen, dies zu tun, ist die Frage »Gut, es ist moralisch geboten, es zu tun, es gibt keine anderen Gründe dagegen, aber *sollte* ich mich dazu entschließen oder nicht?« reichlich seltsam – normalerweise beantwortet ein moralisches Urteil direkt die Frage, was ich tun sollte. Kurz: Moralische Urteile sind für uns praktisch relevant, weil sie uns einzusehen helfen, was wir tun sollen.

Sicherlich kennen wir alle Fälle, in denen wir etwa zu faul, zu ängstlich oder schlichtweg zu unorganisiert sind, um unsere moralischen Urteile umzusetzen. Aber in diesen Fällen gibt es eben *in uns* Hindernisse, die dieser Umsetzung entgegenstehen. Von Hindernissen zu sprechen ergibt aber nur dann Sinn, wenn es auch tatsächlich etwas gibt, das von diesen Hindernissen behindert wird. Solche Fälle sprechen also nicht prinzipiell gegen die praktische Relevanz moralischer Urteile.

### Das Problem

Diese beiden Intuitionen zusammengenommen ergeben ein grundlegendes Problem mit der Moral: Wir können uns die Objektivität moralischer Urteile leicht erklären, wenn wir annehmen, dass ein richtiges moralisches Urteil zu fällen heißt, eine moralische *Tatsache* zu beschreiben. Moralische Urteile sind dann Versuche, die moralischen Tatsachen, die es objektiv gibt, kognitiv (mit unserer Erkenntnisfähigkeit) richtig zu erfassen. Wenn moralische Urteile aber »nur« Urteile über Tatsachen sind, dann muss es unverständlich bleiben, wieso uns solche Urteile motivieren sollten, ihnen entsprechend zu handeln. Dies kann mit zwei Argumenten gezeigt werden.

Das erste Argument besteht darin, drei Behauptungen zu nennen, die wir nicht konsistenterweise gleichzeitig für wahr halten können:

(A1) Die praktische Relevanz eines moralischen Urteils ergibt sich daraus, dass es ein Urteil darüber ist, was wir tun sollen.

(A2) Moralische Urteile sind objektive Tatsachen-Urteile, also Urteile darüber, wie sich die Dinge verhalten.

(A3) Aus einem Urteil darüber, wie sich die Dinge verhalten, kann man nie alleine, ohne weitere Annahmen, ableiten, dass jemand etwas tun soll. (*Sein-Sollen-Prinzip*)

Alle drei Behauptungen klingen ungemein plausibel. Die ersten beiden Aussagen drücken unsere Intuitionen über die praktische Relevanz und die Objektivität der Moral aus. Die dritte Behauptung ist das berühmte *Sein-Sollen-Prinzip* von David Hume, das besagt, dass aus einer *deskriptiven* Aussage über Tatsachen (»X ist so und so«) nie eine *präskriptive* Aussage, eine Aussage über ein Sollen (»X sollte so und so sein«) abgeleitet werden kann.

Hume schreibt dazu:

> »In jedem Moralsystem, das mir bisher vorkam, habe ich immer bemerkt, daß der Verfasser eine Zeitlang in der gewöhnlichen Betrachtungsweise vorgeht, das Dasein Gottes feststellt oder Beobachtungen über menschliche Dinge vorbringt. Plötzlich werde ich damit überrascht, daß mir anstatt der üblichen Verbindungen von Worten mit *›ist‹* und *›ist nicht‹* kein Satz mehr begegnet, in dem nicht ein *›sollte‹* oder *›sollte nicht‹* sich fände. Dieser Wechsel vollzieht sich unmerklich; aber er ist von größter Wichtigkeit. Dies *sollte* oder *sollte nicht* drückt eine neue Beziehung oder Behauptung aus, muß also notwendigerweise beachtet und erklärt werden.
>
> Gleichzeitig muß ein Grund angegeben werden für etwas, das sonst ganz unbegreiflich scheint, nämlich dafür, wie diese neue Beziehung zurückgeführt werden kann auf andere, die von ihr ganz verschieden sind. Da die Schriftsteller diese Vorsicht meistens nicht gebrauchen, so erlaube ich mir, sie meinen Lesern zu empfehlen; ich bin überzeugt, daß dieser kleine Akt der Aufmerksamkeit alle gewöhnlichen Moralsysteme umwerfen und zeigen würde, daß die Unterscheidung von Laster und Tugend nicht in der bloßen Beziehung der Gegenstände begründet ist, und nicht durch die Vernunft erkannt wird« (Hume 1906 [1739]: 211).

Dieses Prinzip ist intuitiv einleuchtend: Aus der Tatsache, dass sich bestimmte Dinge so oder so verhalten, folgt rein logisch nicht, dass sie so bleiben oder anders werden *sollten*. (Ob dieses Prinzip immer richtig ist, muss sich aber erst zeigen, vgl. hier Abschnitt: »Das Sein-Sollen-Problem revisited«, S. 153–156).

Unter der Voraussetzung aber, dass dieses Prinzip gilt, kann die Moral – so scheint es zumindest – nicht gleichzeitig aus Tatsachen-Urteilen bestehen und praktische Konsequenzen nach sich ziehen. Das heißt, wir können nicht alle drei oben genannten Annahmen gleichzeitig vertreten, sondern müssen entweder eine unserer beiden Intuitionen oder dieses Sein-Sollen-Prinzip aufgeben.

Neben diesem ersten Dilemma gibt es ein zweites, beinahe klassischeres Problem, das ähnlich aussieht, das aber ohne das Sein-Sollen-Prinzip auskommt:

(B1) Die praktische Relevanz moralischer Urteile besteht darin, dass sie Gründe ausdrücken, die rationale Personen im Normalfall ohne weiteres dazu motivieren, ihnen entsprechend zu handeln.

(B2) Moralische Urteile sind Tatsachen-Urteile, sie drücken also die Überzeugung einer Person über Tatsachen aus.

(B3) Überzeugungen über Tatsachen alleine, ohne Wünsche oder ähnliche motivationale Zustände, motivieren uns nicht.

Es ist einfach zu erkennen, dass wir es wieder mit den beiden Grundintuitionen zu tun haben, zu denen eine neue, ebenfalls von Hume stammende These hinzugefügt wird, die in einen Widerspruch führt. These (B3) ist die sogenannte »Hume'sche Theorie der Motivation«. Diese Theorie (vgl. hier auch S. 41–48) besagt, dass es zwei Typen mentaler Zustände gibt, nämlich einerseits kognitive Zustände, wie Überzeugungen, andererseits volitionale Zustände oder Einstellungen wie Wünsche, Abneigungen und die bereits erwähnten moralischen Gefühle. Zusätzlich behauptet diese Theorie, dass Zustände des ersten, kognitiven Typs *niemals allein* dazu ausreichen, eine Handlung zu motivieren. Eine Handlungsmotivation entsteht erst dann, wenn auch Zustände der zweiten Art hinzukommen. Volitionale Zustände oder moralische Gefühle sind jedoch in einer Tatsachenüberzeugung nicht involviert – folglich können moralische Urteile, die nur eine solche Überzeugung ausdrücken, nicht praktisch motivierend sein. Moralische Urteile *sind* jedoch im Normalfall ohne zusätzliche Gefühle praktisch relevant. Daher – so das Argument – können sie nicht *nur* als Ausdruck von Tatsachenüberzeugungen verstanden werden.

Wir können also eines der grundlegenden Probleme der Metaethik so zusammenfassen: Wenn moralische Urteile den Anspruch haben, *Tatsachen* zu erfassen, dann scheint jedoch noch etwas zu ihnen hinzukommen zu müssen, um uns zu motivieren (beziehungsweise um ein Sollen zu ergeben), nämlich eine bestimmte Einstellung, ein Wunsch oder ein Gefühl (beziehungsweise ein Sollens-Urteil). Vorausgesetzt aber, dass moralische Urteile *nicht nur* den Anspruch haben, Tatsachen zu erfassen, sondern dass sie *auch* solche Einstellungen oder Sollens-Urteile ausdrücken, so bleibt dennoch unklar, ob wir mit ihnen noch den Anspruch verbinden können, *Tatsachen* zu beschreiben.

## 2 Kognitivismus und Nonkognitivismus

Die Annahmen, die zusammen das beschriebene Problem mit der Moral ergeben, sollen im folgenden systematisiert und in das gängige Vokabular der heutigen philosophischen Debatte übertragen werden. Eine der wichtigsten Unterscheidungen hinsichtlich metaethischer Positionen ist zunächst die Unterscheidung zwischen *Kognitivismus* und *Nonkognitivismus*.

### Der Kognitivismus

Kognitivistische Theorien sind all jene Theorien, die davon ausgehen, dass es sich bei moralischen Urteilen genauso oder sehr ähnlich wie bei Urteilen über nicht-moralische Tatsachen um den *Ausdruck von Überzeugungen* und damit um *behauptende Stellungnahmen* zu *Aussagen* handelt, deren Bedeutung dadurch gegeben ist, dass sie *Wahrheitsbedingungen* besitzen.

Was heißt das? Die Überzeugung »Der Tisch ist grün« zu haben, heißt einfach, eine Haltung zu der Aussage »Der Tisch ist grün« einzunehmen, die uns auf die *Wahrheit* dieser Aussage festlegt. Dass diese Aussage wahr ist, scheint in diesem Fall aber einfach zu heißen, dass bestimmte *Wahrheitsbedingungen* erfüllt sind. Die Aussage »Der Tisch ist grün« ist nämlich *nur unter der Bedingung wahr*, dass der Tisch *grün ist,* das heißt, dass seine Oberfläche Licht eines bestimmten Spektrums reflektiert. Es ist sogar, so könnte man sagen, grundlegend für die *Bedeutung* dieses Satzes, dass er nur dann wahr ist, wenn dies der Fall ist. Falls wir die entsprechende Überzeugung haben, haben wir also eine Haltung, die uns darauf festlegt, dass diese unabhängigen Bedingungen auch erfüllt sind.

Moralische Urteile drücken nach der Sicht einer kognitivistischen Theorie in genau dieser Weise Überzeugungen aus. Sie sind also Festlegungen auf die Gegebenheit der Wahrheitsbedingungen von moralischen Aussagen, deren Bedeutung durch eben diese Wahrheitsbedingungen festgelegt ist. Das heißt natürlich auch, dass es so etwas wie Wahrheitsbedingungen geben muss, die die Bedeutung moralischer Aussagen festlegen. Es gibt also *Tatsachen*, die gegeben sein müssen, damit eine Aussage der Art »Mord ist moralisch falsch« entweder wahr oder falsch ist. Eine kognitivistische Position verpflichtet uns daher dazu, genauer anzugeben, was diese Tatsachen sind.

Der wichtigste Grund dafür, eine kognitivistische Position zu akzeptieren, ist die sogenannte »wahrheitsfunktionale Oberflächenstruktur moralischer Diskurse«. Dieser Ausdruck bedeutet nichts anderes, als dass die sprachlichen Mittel (also die Wörter und Satzstrukturen), mit denen wir in unserer Alltagssprache moralische Urteile ausdrücken, so gestrickt sind, dass sie nur unter der Voraussetzung zu »passen« scheinen, dass die Bedeutung solcher Urteile zumindest zum Teil durch ihre Wahrheitsbedingungen festgelegt wird und dass sie Überzeugungen ausdrücken. Moralische Behauptungen haben nicht nur in der Regel die Struktur von »normalen« Aussagesätzen. »Der Tisch meiner Großmutter war grün« und »Der Mord an Martin Luther King war moralisch falsch« scheinen genau die gleiche Art von Satz zu sein. Wir sagen auch ganz direkt, dass ein bestimmtes moralisches Urteil wahr oder falsch ist, *weil* es die Dinge so beschreibt, *wie sie sind*. So könnten wir sagen, dass der Satz »Mord ist falsch« deshalb wahr ist, weil Mord falsch *ist* – weil also die Wahrheitsbedingungen der Aussage »Mord ist falsch« erfüllt sind.

Schließlich stützen auch unsere moralischen Intuitionen den Kognitivismus: Es ist doch, so könnte man sagen, unabhängig von unseren Einstellungen *wahr*, dass etwa der Mord an Martin Luther King ein Verbrechen war. Können wir unsere moralischen Urteile anders verstehen, als dass hier behauptet wird, dass Tatsachen existieren, die diese Aussage wahr machen?

## Der starke Kognitivismus

Selbst dann, wenn man eine kognitivistische Position akzeptiert, ist aber immer noch höchst unklar, auf welcher Art von Wahrheitsbedingungen die Bedeutung moralischer Aussagen und Urteile beruht. Eine intuitiv naheliegende Position zu dieser Frage würde lauten, dass moralische Urteile deshalb Wahrheitsbedingungen haben, weil diese Urteile solche Überzeugungen über die Realität ausdrücken, die einen Teil dieser Realität *repräsentieren*. Moralische Urteile referieren so auf »Tatsachen in der Welt«, wie viele andere Urteile auch – und es ist relativ einfach zu sehen, wie sie wahr oder falsch sein können. Eine solche Position können wir eine *starke kognitivistische* Position nennen. Ihr zufolge sind moralische Aussagen wahrheitsfähig, weil sie *Erkenntnisse über moralische Tatsachen* reflektieren, die unabhängig davon existieren, dass wir dies *glauben.* Eine solche Position nennt man »moralischen Realismus«.

Je nachdem, ob man diese Tatsachen als Teil der »natürlichen Welt« begreift, kann man weiter zwischen Positionen unterscheiden, die annehmen, dass sich moralische Urteile wie »X ist moralisch richtig« auf *natürliche Sachverhalte* beziehen, also mit »moralisch richtig« auf ganz gewöhnliche, natürliche Eigenschaften der Dinge referieren (»Naturalismus«), oder aber, dass sie *»nichtnatürliche« Sachverhalte* beurteilen, dass moralische Tatsachen also Sachverhalte einer »eigenen Art« sind (»Non-Naturalismus«).

Im Bereich des starken Kognitivismus können wir uns aber auch eine Position vorstellen, die moralische Urteile als Tatsachenaussagen *über uns selbst* versteht, die also die Wahrheitsbedingungen in der (psychischen) Verfasstheit des Sprechers lokalisiert. Nach einer solchen Position besteht kein Unterschied zwischen der Aussage »X ist falsch« und der Aussage »Ich habe eine bestimmte Haltung zu X«, wobei die zweite Aussage als Tatsachenbehauptung (und nicht als bloßer Ausdruck eines Wunsches) verstanden werden muss (»Subjektivismus«).

Eine letzte stark kognitivistische Position, die im weiteren eine Rolle spielen wird (vgl. hier Abschnitt: »Die Irrtumstheorie«, S. 62–66), ist die etwas ungewöhnliche Position der »Irrtumstheorie«. Diese Theorie nimmt an, dass moralische Urteile wahrheitsfunktional sind, also wahr sein *können.* Moralische Urteile beziehen sich aber auf eine Klasse von Tatsachen, die es schlichtweg nicht gibt – deswegen sind letztlich alle affirmativen moralischen Urteile nach unserem herkömmlichen Verständnis nicht zu rechtfertigen. Es mag seltsam erscheinen, eine Position, die so wenig daran glaubt, dass es in der Moral etwas zu erkennen gibt, »Kognitivismus« zu nennen. Im Sinne der formalen Einteilung ist aber auch eine Position, die alle affirmativen moralischen Urteile als falsch bezeichnet, auf deren *mögliche* Wahrheit festgelegt.

### Der schwache Kognitivismus

Im Unterschied zu starken kognitivistischen Theorien nehmen schwache kognitivistische Theorien nicht an, dass moralische Urteile auf einem möglichen Zugriff auf moralische Tatsachen basieren, deren Existenz von unseren Urteilen völlig unabhängig ist.

Sie gehen aber dennoch davon aus, dass ihre Bedeutung durch Wahrheitsbedingungen bestimmt wird. Die Wahrheit eines moralischen Urteils hängt für solche Theorien von den moralischen Urteilen idealisierter Beurteiler ab (vgl. hier Abschnitt: »Sind moralische Tatsachen ›beurteilerabhängig‹?«, S. 189–192). So wie beispielsweise von Farben oft gesagt wird, dass das Wort »rot« keine natürliche Eigenschaft bezeichnet, sondern dass vielmehr diejenigen Objekte rot sind, die eben von normalen Personen unter normalen Umständen als rot wahrgenommen werden, so könnte man auch sagen, dass diejenigen Handlungen moralisch richtig sind, die von kompetenten Beurteilern moralischer Sachverhalte in normalen Situationen als richtig beurteilt werden. Die Wahrheit moralischer Urteile besteht also in einer Übereinstimmung mit idealisierten Personen und ist nicht unabhängig von unserer Urteilspraxis. An dieser Stelle ist es entscheidend, dass auch hier moralische Urteile nicht nur Ausdruck unserer faktischen Präferenzen oder Einstellungen sind, sondern einen objektiven Referenzpunkt haben, der eben in idealisierten Urteilen besteht. Nicht ein einzelnes Urteil bestimmt also, was moralisch richtig ist, auch nicht alle Urteile im Durchschnitt, sondern nur jene qualifizierten Urteile, die aus bestimmten Gründen einen Maßstab darstellen.

## Der Nonkognitivismus

Nonkognitivistische Positionen nehmen an, dass moralische Aussagen *keine* Aussagen sind, deren Bedeutung (ausschließlich) durch ihre Wahrheitsbedingungen festgelegt wird, und dass moralische Urteile daher entweder gar nichts *beschreiben* oder dass ihre Bedeutung durch das, was sie beschreiben, nicht *erschöpft* wird. Viele der einfacheren nonkognitivistischen Ansätze (wie der Emotivismus; vgl. hier Abschnitt: »Der Emotivismus«, S. 55–60) nehmen an, dass moralische Aussagen deshalb auch nicht wahr oder falsch sein können bzw. dass moralische Urteile nicht auf Wahrheit abzielen. Andere, komplexere Theorien (etwa der Expressivismus; vgl. hier Kap.: »Der Expressivismus«, S. 67–104) nehmen an, dass moralische Aussagen in einem gewissen Sinne durchaus wahr oder falsch sein können, aber eben nicht in der Weise, dass sie unabhängige Wahrheitsbedingungen haben, die ihre Bedeutung festlegen.

Um die gängigen nonkognitivistischen Positionen richtig zu verstehen, müssen wir einen wichtigen Unterschied bezüglich der Verwendung sprachlicher Ausdrücke einführen: Wir können einen Satz, wie zum Beispiel »Das schmeckt mir nicht«, in zweierlei Hinsicht verwenden und verstehen. Wir können ihn einerseits dazu benutzen, um eine Tatsache bezüglich unserer selbst zu *beschreiben*, also eine Behauptung zu machen. Wir können ihn aber auch dazu benutzen, um eine *Haltung* gegenüber einem Sachverhalt *auszudrücken*. In der gleichen Hinsicht können wir den Satz »Da vorne steht ein Hund« benutzen, um die Existenz eines Hundes zu *behaupten* oder um eine andere Person vor dem Hund zu *warnen*. Im ersten Fall erheben wir einen Anspruch darauf, die Wahrheitsbedingungen dieses Satzes (*dass* dort ein Hund steht) richtig zu beschreiben, im zweiten Fall ist die Funktion dieses Ausdrucks hingegen *expressiv*, wir erheben nicht *primär* Anspruch auf Wahrheit. Manche Sätze, wie »Die Katze liegt auf der Matratze« haben primär eine deskriptive Funktion (auch wenn wir sie zusätzlich dazu benutzen können, um uns zu beschweren, zu warnen und so weiter), Ausdrücke wie »Igitt!« oder »Aua!« haben ausschließlich eine expressive Funktion. Es gibt aber auch Sätze wie »Das schmeckt mir nicht!« oder »Das ist ja widerlich!«, die zwar wie deskriptive Sätze aussehen, die im Normalfall aber zumindest *auch* expressiv gebraucht werden. Falls jemand sagt »Das schmeckt mir nicht!«, so behandeln wir dies nicht primär als eine Behauptung über die Existenz eines inneren Zustands, die wahr oder falsch sein kann, sondern vor allem als Ausdruck von Gefühlen oder Haltungen.

Die wichtigsten Strömungen des Nonkognitivismus behandeln moralische Urteile als Urteile der zweiten, expressiven Art. Die Bedeutung von »X ist moralisch falsch« ist nach diesen Theorien also nicht primär durch die unabhängigen Wahrheitsbedingungen dieses Satzes festgelegt, sondern bringt zunächst vor allem eine *Haltung* des sprechenden Subjekts zum Ausdruck.

Die wichtigsten Gründe dafür, den Nonkognitivismus für die richtige Theorie zu halten, lassen sich in drei Typen einteilen:

(1) vermeidet solch eine Theorie die Frage, *was für Sachverhalte* die Tatsachen sind, die Wahrheitsbedingungen moralischer Urteile darstellen. Sie kann daher in wünschenswerter Weise »metaphysisch sparsam« verfahren. Normalerweise klammern Nonkognitivisten diese Frage jedoch nicht einfach nur aus, sondern nehmen an, dass es gar keine normativen Tatsachen gibt, dass also eine *vollständige Beschreibung der Welt* keine normativen Begriffe enthalten würde.

(2) kann solch eine Theorie leicht erklären, wieso moralische Urteile so eng mit unserer Motivation verknüpft sind: Sie dienen zum Ausdruck subjektiver Haltungen, die motivierenden Charakter haben.

(3) können nonkognitivistische Theorien eine Eigenschaft moralischen Urteilens erklären, die bisher noch nicht zur Sprache kam, die sogenannte »Supervenienz des Moralischen«: Falls ich alle nichtmoralischen Tatsachen bezüglich einer Handlung kenne, muss ich nicht noch nach einer *neuen* Tatsache suchen, um zu entscheiden, ob diese Handlung denn nun moralisch richtig war, sondern dies ergibt sich aus ihren »normalen« Eigenschaften. Angeblich existierende, spezielle »moralische Eigenschaften« scheinen also gar nichts »Eigenes« zur Richtigkeit oder

Falschheit einer Handlung beizutragen. Dies kann der Nonkognitivismus gut erklären: Da es gar keine moralischen Eigenschaften in diesem objektivistischen Sinne gibt, sondern moralische Urteile vielmehr unsere Haltung zu den nichtmoralischen Eigenschaften einer Handlung ausdrücken, ist leicht zu erklären, wieso die Nennung der nichtmoralischen Eigenschaften genugt, um zu einem moralischen Urteil zu gelangen.

## Zusammenfassung

Der Kognitivismus bestimmt die Funktion moralischer Aussagen als Ausdruck von Überzeugungen bezüglich moralischer Sachverhalte und begreift ihre Bedeutung so, dass sie durch Wahrheitsbedingungen festgelegt wird. Dafür sprechen die Intuition der Objektivität moralischer Urteile und die wahrheitsfunktionale Oberflächenstruktur des moralischen Diskurses. Der Nonkognitivismus geht davon aus, dass die Funktion moralischer Aussagen zumindest zum Teil im Ausdruck von Haltungen besteht und dass ihre Bedeutung nicht vollständig durch Wahrheitsbedingungen festgelegt wird. Er kann für sich ins Feld führen, dass er metaphysisch sparsam bleiben kann, also nicht die Existenz moralischer Tatsachen voraussetzen muss, und dass er die praktische Relevanz moralischer Urteile und die Supervenienz des Moralischen auf dem Nichtmoralischen gut erklären kann.

# 3 Internalismus und Externalismus

## Praktische Relevanz: Handlungsgründe und Motivation

Die zweite Entscheidung, die metaethische Theorien treffen müssen, betrifft ihre Haltung zu der Intuition bezüglich der *praktischen Relevanz* moralischer Tatsachen: Moralische Urteile scheinen in unserem Leben eine bestimmte praktische Rolle zu spielen. Sie sind Urteile über eine bestimmte Art von *Handlungsgründen,* die uns normalerweise auch *motivieren.* Die Frage, ob etwas moralisch richtig oder falsch ist, hat in vielen Fällen einen direkten Bezug zu der Frage, zu welcher Handlung wir uns entschließen sollten und (vorausgesetzt, dass wir rational sind) zu welcher Handlung wir dann auch *motiviert* sind. Natürlich ist dies nicht immer so: Ich kann urteilen, dass ich in der Vergangenheit moralisch verpflichtet gewesen bin, meinen Eltern besser zu gehorchen. Da ich an meinem vergangenen Ungehorsam aber nichts mehr ändern kann, folgt aus diesem Urteil kein Handlungsgrund für mich. Aber für moralische Urteile bezüglich der Handlungen, die ich jetzt oder in naher Zukunft ausführen kann, scheinen diese Urteile intrinsisch mit der Motivation verbunden zu sein, auch entsprechend zu handeln.

Wir können uns diese Intuition etwas formaler vor Augen führen:

(1) Moralische Tatsachen (bzw. moralische Urteile) sind für uns praktisch relevant, weil sie Handlungsgründe (ein rationales Sollen) etablieren. Wer moralische

Tatsachen erkennt, fällt damit also zugleich ein Urteil über seine *Gründe*. (*Internalismus in Bezug auf Gründe*)

(2) Personen, die rational sind, sind – unter normalen Umständen – motiviert, ihre Handlungen nach ihren Urteilen über ihre Handlungsgründe auszurichten.

Also:

(3) Moralische Urteile motivieren – unter normalen Umständen – rationale Personen, die diese Urteile fällen. (*Internalismus in Bezug auf Urteile*)

Diese Schlussfolgerung scheint nicht nur empirisch plausibel zu sein, sie scheint vielmehr *a priori*, das heißt, unabhängig von empirischen Belegen, zu stimmen. Auch wenn nicht alle Internalisten (1) und (2) teilen (manche Nonkognitivisten nehmen beispielsweise nicht an, dass wir die Rede von Gründen brauchen), teilen sie alle die Annahme, dass (3) *a priori* wahr ist. Der Internalismus geht davon aus, dass moralische Urteile und Motivation intern miteinander verknüpft sind.

In Bezug auf dieses Argument sind insbesondere zwei Fragen umstritten:

Es ist (1) unklar, ob moralische Tatsachen für jede Person unabhängig von ihren sonstigen Einstellungen und Wünschen Handlungsgründe darstellen. Falls moralische Tatsachen Gründe etablieren, ist zudem unklar, ob wir von solchen Gründen *notwendigerweise motiviert* werden.

Es ist (2) unklar, ob moralische Urteile im Rahmen einer Theorie moralischer Motivation die richtige

> Rolle spielen können, ob also die Tatsache, dass eine Person ein solches Urteil fällt, tatsächlich *erklären* kann, wieso sie motiviert ist, in der entsprechenden Weise zu handeln.

Die Gegenposition zum Internalismus nennt man *Externalismus*, weil sie annimmt, dass zu einem Urteil über eine moralische Tatsache noch etwas anderes – eine zusätzliche Motivation – »von außen« dazukommen muss, damit eine Handlungsmotivation folgt. Externalisten behaupten, dass moralische Tatsachen bzw. Urteile entweder gar keine objektiven Handlungsgründe etablieren, oder zumindest, dass moralische Urteile rationale Personen nicht *notwendigerweise* motivieren. »Nicht notwendigerweise« heißt natürlich nicht dasselbe wie »nie«. Ein Externalist kann zugestehen, dass die meisten Personen im Normalfall von ihren Urteilen über das moralisch Richtige und Gute motiviert werden. Er hält diese Verknüpfung jedoch nicht für eine *notwendige* Verknüpfung, sondern nimmt an, dass es sich dabei um eine Sache *kontingenter*, d. h. nicht-notwendiger, vielleicht psychischer Eigenschaften von Menschen handelt, und dass es im Prinzip rationale Personen geben kann, die (selbst dann, wenn es moralische Tatsachen gibt und sie diese Tatsachen kennen) nicht motiviert sind, ihnen entsprechend zu handeln.

## Moralische Gründe

### Moralische Tatsachen und Gründe

Die erste Prämisse des obigen Arguments, also der *Internalismus in Bezug auf Gründe*, vertritt die Auffassung, dass moralische Tatsachen objektive Handlungsgründe für uns etablieren. Doch was heißt das genau? Wir kennen natürlich alle eine bestimmte unproblematische Verwendung der Aussage, dass etwas einen Grund für uns etabliert. Will ich zum Beispiel jetzt an meinem Buch schreiben und muss ich dazu meinen Computer anschalten, so habe ich einen Grund dafür, meinen Computer anzuschalten. Die Kombination aus meinem Wunsch und aus der Bedingung seiner Erfüllung gibt mir einen Handlungsgrund (oder ein »rationales Sollen«) an die Hand.

Die Tatsache, dass etwas *moralisch* gut ist, scheint jedoch nicht durch eine solche Kombination aus einem Wollen und einer Erfüllungsbedingung gegeben zu sein. Eine moralische Tatsache ist normalerweise nicht erst dadurch gegeben, dass jemand ein bestimmtes Ziel erreichen will, sondern sie muss einen »wollensunabhängigen Grund« darstellen. Hier finden wir das Sein-Sollen-Problem wieder: Wie kann uns eine Tatsache *alleine*, unabhängig davon, was wir wünschen oder wollen, einen *Grund* dafür geben, etwas zu tun?

Wir können uns durchaus vorstellen, dass eine Person bereitwillig zugesteht, dass es moralische Tatsachen gibt, dass sie jedoch bezweifelt, wieso die moralische Tatsache, dass X moralisch richtig ist, einen *Grund* für sie darstellen sollte, X zu tun. Anders gefragt: Wieso ist Moral überhaupt wichtig? Eine solche Person wäre ein »Amoralist« – eine rationale Person, die moralische Urteile fällen kann, die aber nicht akzeptiert, dass moralische Urteile zugleich Urteile über *Gründe* darstellen.

Wenn die These, dass Moral Gründe für uns etabliert, *a priori* richtig ist, wenn es also im Wesen der Moral liegt, dass sie uns Gründe an die Hand gibt, dann müssen wir eine amoralistische Person als verwirrt bezeichnen, denn sie hat offensichtlich eine universelle, notwendige Beziehung nicht verstanden. Aber ist eine solche Person wirklich verwirrt?

## Gründe und Motivation

Auch wenn wir diese Frage für einen Moment zurückstellen und akzeptieren, dass uns moralische Tatsachen Gründe an die Hand geben können, bleibt immer noch die Frage offen, ob uns unsere *Urteile* über diese Gründe notwendigerweise motivieren, ob also die zweite Prämisse des oben dargestellten Arguments richtig ist. Vertreter dieser Idee argumentieren folgendermaßen: Derjenige, der denkt, dass er einen Grund hat, X zu tun, wird – so die Idee – im Normalfall auch motiviert sein, X zu tun.

Aber heißt dies, dass es *unvorstellbar* ist, dass eine rationale Person nicht von ihren Urteilen über ihre Gründe motiviert wird? Das scheint unplausibel. Wir alle kennen beispielsweise das Phänomen der »Willensschwäche«, das darin besteht, dass wir zwar urteilen, dass alle Gründe für eine Handlung sprechen, wir aber trotzdem keine ausreichende Motivation entwickeln. Wieso sollte es also nicht vorstellbar sein, dass eine rationale Person die richtigen moralischen Tatsachen anerkennt, dass sie auch anerkennt, dass diese Tatsachen Gründe sind, dass sie aber *dennoch nicht motiviert* ist, so zu handeln? Wenn dies möglich ist, dann untergräbt dies die Plausibilität zumindest eines radikalen Internalismus. Ein *gemäßigter* Internalismus, der nur behauptet, dass alle Personen, die sich Gründe zuschreiben, unter »normalen Umständen« (die natürlich noch bestimmt werden müssen) auch motiviert sind, dementsprechend zu handeln, ist jedoch auch dann weiterhin denkbar.

## Gründe und das Sein-Sollen-Problem

An dieser Stelle können noch einmal die beiden Varianten des zu Anfang genannten Problems mit der Moral diskutiert werden. Die erste Variante dieses Problems bestand darin, dass die Intuitionen der Objektivität und der praktischen Relevanz der Moral nicht ohne weiteres mit der plausiblen Behauptung zusammengehen, dass aus einem Sein nie ein Sollen folgt (vgl. hier S. 21–23). Wenn dieses Prinzip richtig ist, dann kann die erste Prämisse des internalistischen Arguments nicht wahr sein: Richtige Urteile über moralische Tatsachen sind keine Urteile über Gründe, weil moralische Tatsachen (»Sein«) keine praktischen Gründe (»Sollen«) etablieren können.

Diese Formulierung des moralischen Problems beruht aber auf der Annahme, dass moralische Urteile, falls sie Überzeugungen über moralische Tatsachen ausdrücken, Urteile sind, die nur »Sein«-Aussagen, aber keine »Sollen«-

Aussagen beinhalten. Unter »Tatsachen« verstehen wir eben normalerweise das, was so und so *ist*. Aber dieser Begriff einer »Tatsache« als etwas, das ein »Sein ohne Sollen« ist, ist natürlich *selbst* ein Resultat davon, dass wir die Hume'sche Trennung zwischen Sein und Sollen *schon akzeptiert* haben. Falls wir diese Position nicht teilen, könnten wir im Prinzip durchaus auch Tatsachen zulassen, die ein »Sollen beinhalten«. Dann könnten Handlungsgründe als *eine Art* von objektiven Tatsachen verstanden werden, und der erste Schritt von einer moralischen Tatsache zu einem Handlungsgrund (oder von einem Tatsachen-Urteil zu einem Gründe-Urteil) wäre unproblematisch.

Dass diese Lösung dennoch wie ein Taschenspieler-Trick aussieht, liegt an folgendem Umstand: Wir kennen einen Bereich von Tatsachen, die ohne Zweifel Tatsachen sind – die Tatsachen, wie sie die Wissenschaften untersuchen. Aus diesen Tatsachen folgt tatsächlich nicht ohne weitere Prämissen ein Sollen. Falls wir Sollens-Tatsachen ebenfalls als »Tatsachen« bezeichnen, muss es sich um Tatsachen einer *ganz anderen Art* handeln. Wir führen also eine *Diskontinuität* im Reich der Tatsachen ein, eine Spaltung zwischen unterschiedlichen Typen von Tatsachen, so dass nicht mehr klar ist, wieso wir beides »Tatsachen« nennen. Zudem wissen wir bei den Tatsachen der Wissenschaft, was es heißt, dass diese »objektiv« sind – zum Beispiel, dass verschiedene Personen die Tatsache auf die gleiche Weise erfahren und überprüfen können. Ob dies im Bereich der Moral ebenso ist und was es überhaupt heißt, ein Sollen zu »überprüfen«, ist höchst unklar.

## Moralische Urteile und die Hume'sche Theorie der Motivation

Die zweite Variante des oben beschriebenen Problems mit der Moral (vgl. hier S. 23f.) ergibt sich aus einer Verbindung von Kognitivismus und Internalismus mit der Hume'schen Theorie der Motivation. Dieses Problem besteht in der kollektiven Inkonsistenz von drei Behauptungen, die einzeln alle plausibel zu sein scheinen. Im einzelnen handelt es sich dabei um folgende Behauptungen:

*Kognitivismus*: Moralische Urteile sind Urteile, die Wahrheitsbedingungen besitzen. Sie drücken insbesondere *Überzeugungen* über (objektive) Tatsachen aus.

*Internalismus*: Moralische Urteile motivieren rationale Personen.

*Hume'sche Theorie der Motivation*: Überzeugungen allein motivieren nicht.

Zunächst zur letzten Behauptung: David Hume argumentiert in seinem *Traktat über die menschliche Natur* (1793), dass Erkenntnisse über Sachverhalte, die die Vernunft entdeckt, uns nicht von selbst motivieren können. Motivationen entstehen erst dann, wenn sich solche Erkenntnisse mit einer »Leidenschaft« verbinden – oder etwas moderner ausgedrückt, wenn die Tatsache, die wir erkennen, für ein Anliegen *relevant* ist, das wir haben, etwa für einen Wunsch oder eine evaluative Einstellung. »Affekte«, also alle motivational potenziell wirksamen Einstellungen, können aber, so Hume, nicht im gleichen Sinne wahr oder falsch sein wie Überzeugungen:

> »Vernunft ist die Erkenntnis von Wahrheit und Irrtum. Wahrheit und Irrtum aber besteht in der Übereinstimmung bezw. Nichtübereinstimmung entweder mit den wirklichen Beziehungen der Vorstellungen oder mit dem wirklichen Dasein und den Tatsachen. Was also einer solchen Übereinstimmung oder Nichtübereinstimmung überhaupt nicht fähig ist, kann weder wahr noch falsch und demnach niemals Gegenstand unserer Vernunft sein. Nun sind augenscheinlich unsere Affekte, unsere Wollungen und unsere Handlungen einer solchen Übereinstimmung oder Nichtübereinstimmung nicht fähig« (Hume 1906 [1739]: 198).

Zweitens stellt Hume fest, dass unsere moralischen Urteile uns notwendigerweise zum Handeln motivieren (er akzeptiert also die Konklusion des oben dargestellten Arguments, also den *Internalismus bezüglich von Urteilen*). Daraus folgt, dass unsere moralischen Urteile keine Überzeugungen ausdrücken können, also nicht auf Erkenntnissen beruhen können.

> »Aus diesem Einfluß der Sittlichkeit auf unsere Handlungen und Neigungen nun folgt, dass diese nicht aus der Vernunft hergeleitet werden kann, da ja die Vernunft allein, wie wir schon bewiesen haben, niemals einen solchen Einfluss haben kann. Die Sittlichkeit erregt Affekte und erzeugt oder verhindert Handlungen. Die Vernunft allein ist hierzu ganz machtlos; die Sittenregeln sind

> folglich keine Ergebnisse unserer Vernunft« (Hume 1906 [1739]: 197 f.).

Man kann also zwei der drei zu Anfang genannten Behauptungen konsistent vertreten, aber nicht alle drei zugleich. Daher gibt es neben den Nonkognitivisten, die die erste Behauptung aufgeben, und den Externalisten, die die zweite Behauptung zurückweisen, auch Versuche, sowohl den Kognitivismus als auch den Internalismus dadurch zu retten, dass das Hume'sche Argument bezweifelt wird. In diesem Fall muss angenommen werden, dass auch Überzeugungen die notwendige motivationale Rolle spielen können oder dass Überzeugungen und Wünsche im Rahmen von evaluativen Haltungen nicht getrennt werden können. Eine solche Position nimmt zum Beispiel John McDowell ein (vgl. hier Kap.: »Moral als zweite Natur – John McDowell«, S. 196–207).

Unter der Voraussetzung, dass man aber die Hume'sche Theorie der Motivation oder das Sein-Sollen-Prinzip und den Kognitivismus für richtig hält, kann dieses Problem nur dadurch gelöst werden, dass der Internalismus in Bezug auf Urteile verabschiedet wird. Dies scheint zunächst nicht besonders problematisch zu sein: Gegen die Behauptung des Internalismus, dass moralische Urteile notwendigerweise rationale Personen motivieren, spricht ohnehin der augenscheinliche Umstand, dass es Personen (»Amoralisten«) geben zu können scheint, die urteilen, dass X moralisch gut ist, die aber dennoch nicht motiviert sind, X zu tun. Die Behauptung des Internalismus lautet ja nicht nur, wie bereits erwähnt, dass es *faktisch* solche Personen nicht gibt, sondern dass wir *a priori*, also vor jeder Untersuchung, *wissen* können, dass es sie nicht geben *kann.* Und diese Behauptung scheint klarerweise falsch zu sein – denn wieso sollte es diese Personen nicht geben können?

Wenn ein Internalist behauptet, dass es zum Wesen moralischer Urteile gehört, dass sie uns motivieren, dann muss er diese scheinbar offensichtliche Möglichkeit zurückweisen. So versucht Richard M. Hare, diesem Einwand folgendermaßen zu entgegnen: Denken wir uns eine Person, die zwar das Urteil fällt: »Ich sollte (moralisch gesehen) X tun«, aber nicht motiviert ist, X zu tun, so müssen wir uns dies so vorstellen, dass eine solche Person das »Sollen« nicht im normalen Sinn versteht. Ein solcher Amoralist drückt nach Hares Ansicht mit diesem Urteil nur die Überzeugung aus, dass es erforderlich wäre, X zu tun, um *einem Maßstab zu entsprechen, den die Leute allgemein akzeptieren.* Aber dieses Urteil ist kein moralisches Urteil. Das heißt: Alle scheinbaren Amoralisten benutzen das Wort »sollte« nicht im eigentlich moralischen Sinne (sondern nur in Anführungszeichen, um die Meinung anderer Leute zu beurteilen).

Aber ist dies plausibel? Können wir uns nicht auch einen Amoralisten vorstellen, der *genuin* glaubt, dass X moralisch richtig ist, und dem es – unphilosophisch gesprochen – einfach *egal* ist? Die starke These, die der Internalismus braucht, dass die Existenz solch einer Person *a priori* als unmöglich begriffen werden muss, kann auch mit Hares Argument nicht gerechtfertigt werden.

Eines der besten Argumente für den Internalismus, das diesen einfachen Einwand vermeidet, wird von Michael Smith vorgetragen: Smith bestreitet (1), dass die zuverlässige Anwendung eines Begriffs immer hinreichend dafür ist, dass eine Person diesen Begriff besitzt und wirkliche Urteile bezüglich dieses Begriffs fällen kann. Er glaubt (2), dass wir nur unter internalistischem Vorzeichen eine bessere Erklärung dafür angeben können, was es heißt, wirklich moralische Urteile zu fällen.

Zum ersten Argument: Nehmen wir an, dass eine blinde Person einen Computer kauft, an den eine Videokamera angeschlossen ist und der je nachdem, welche Farbe ein Objekt hat, das sich vor der Kamera befindet, einen elektrischen Impuls abgibt. Mit Hilfe dieses Geräts wird die Person in der Lage sein, in Übereinstimmung mit anderen Personen Farbbegriffe auf Objekte anzuwenden. Aber kann sie Farburteile fällen? Smith bestreitet dies, denn er denkt, dass Farburteile ihren spezifischen Charakter dadurch erhalten, dass es einen *Kernfall* ihrer Anwendung gibt, bei dem solche Urteile Reaktionen auf ganz bestimmte, visuelle Stimuli sind. Dass wir solche Urteile als direkte Reaktion auf visuelle Wahrnehmungen fällen können, gehört sozusagen *intern* zu dem, was wir mit den in diesen Urteilen verwendeten Begriffen meinen. Nun könnte man annehmen, dass es ebenso einen *Kernfall der Anwendung moralischer Begriffe* gibt. Wenn dies der Fall wäre, dann könnte man sagen, dass wir diese Begriffe immer nur dann in ihrem »eigentlichen« Sinn benutzen, wenn wir sie mit entsprechenden Motivationen verknüpfen. Die Fähigkeit des moralischen Amoralisten, moralische Begriffe ernsthaft und zuverlässig anzuwenden, beweist also nicht, dass er wirklich in der Lage ist, moralische Urteile zu fällen.

Natürlich beweist die Behauptung, dass eine »wirkliche« Verwendung moralischer Begriffe mit *mehr* als nur ihrer verlässlichen Anwendung zu tun haben *könnte*, nicht, dass es sich *wirklich* so verhält. Hier kommt Smiths zweites Argument ins Spiel: Nehmen wir an, ich überlege, ob es moralisch geboten ist, die konservative oder die sozialdemokratische Partei zu wählen. Ich bin zunächst nicht nur überzeugt, dass ich aus moralischen Gründen die sozialdemokratische Partei wählen sollte, sondern auch dementsprechend motiviert. Ein Freund überzeugt mich nun, dass es richtig ist, konservativ zu wählen, und zwar nicht deshalb, weil diese Handlung die Werte, die mich zunächst zur Sozialdemokratie zogen, besser verwirklichen würde, sondern weil diese Werte die *falschen* Werte waren. Sollte ich davon überzeugt werden, wird sich im Normalfall auch meine Motivation ändern – ich werde nun motiviert sein, konservativ zu wählen.

Nun wird dieser Prozess vom Internalisten und vom Externalisten jeweils unterschiedlich beschrieben. Der Internalist wird ihn so verstehen, dass sich meine moralischen Urteile geändert haben und dass sich daraus direkt eine Veränderung meiner Motivation ergibt. Der Externalist muss annehmen, dass für meine jeweilige Motivation neben dem Urteil, welche Wahl richtig ist, jeweils auch noch ein Wunsch nötig ist. Ändert sich meine Motivation durch die beschriebene Änderung meiner Urteile, muss es entweder der Fall sein, dass sich unabhängig von meinen Überzeugungen auch gleichzeitig meine Wünsche ändern, was unwahrscheinlich ist, oder dass ich einen abstrakten Wunsch habe, das zu tun, was moralisch richtig ist, und dass sich im beschriebenen Fall nur meine Überzeugung darüber geändert hat, was das beste Mittel ist, um diesen abstrakten Wunsch zu erfüllen. Das heißt, meine Motivationsänderung wäre dadurch zu erklären, dass ich den

Wunsch habe, das zu tun, was moralisch richtig ist, *was auch immer das ist*, und dass daher erst eine *zusätzliche* Überzeugung darüber, *was* moralisch richtig ist, die konkrete Handlung festlegt, die notwendig ist, um diesen Wunsch zu erfüllen.

Genau dies ist aber, so Smith, eine unplausible Auffassung moralischer Urteile. Eine moralische Person hat nicht den abstrakten Wunsch, »das Richtige zu tun«, der erst durch eine Überzeugung mit Inhalt gefüllt wird. Vielmehr würden wir annehmen, dass eine »wirklich« moralische Person *direkt motiviert* ist, beispielsweise unschuldiges Leben zu retten, und nicht nur, weil dies ihren Wunsch erfüllt, moralisch richtig zu handeln.

Ist dieses Argument überzeugend? Mir scheint es nicht offensichtlich richtig zu sein, dass es *immer* ein Zeichen nicht »wirklich« moralisch motivierten Handelns ist, etwas Gutes nur tun zu wollen, weil man den abstrakten Wunsch hat, Gutes zu tun. Natürlich ist es wünschenswert, dass Menschen *direkt* von den guten Zielen der Moral motiviert werden. Aber dass dies wünschenswert ist, heißt nicht, dass es immer so ist: Bringe ich den gefundenen Koffer voller Geld zu seinem reichen Eigentümer zurück, so tue ich dies nicht deshalb, weil ich Geldkofferbesitzern ihr Eigentum gerne zurückgebe, sondern weil ich eben überzeugt davon bin, dass diese Handlung moralisch erforderlich ist – und in diesem Fall scheint ein gewisses abstraktes Pflichtbewusstsein genau das zu sein, was wir von einem moralisch guten Menschen erwarten. Wir können also durchaus zulassen, dass *im Normalfall* andere Motivationen die zentrale Rolle spielen – aber dennoch annehmen, dass wir *manchmal* keine andere Erklärung für Motivationsänderungen haben, als den Verweis auf einen abstrakten Wunsch, das moralisch Richtige zu tun. Wenn das stimmt, dann ist der Externalismus vielleicht nicht so unplausibel.

## Rückblick: Das metaethische Trilemma

Die Unterscheidung zwischen internalistischen und externalistischen Positionen kann uns helfen, genauer zu verstehen, was es heißt, dass moralische Urteile praktisch relevant sind. Diese Intuition ist ein wesentlicher Bestandteil des zuvor beschriebenen Problems mit der Moral, das nun genauer als *metaethisches Trilemma* bestimmt werden kann. Die beiden Versionen dieses Trilemmas bestehen darin, dass wir, wie in Abschnitt »Ein Problem mit der Moral« (hier S. 17–24) dargestellt, drei Intuitionen haben, die zusammen einen logischen Widerspruch ergeben: die kognitivistische Intuition, dass moralische Urteile wahrheitsfähige Überzeugungen betreffen; die internalistische Intuition, dass moralische Urteile motivational relevant sind; und als drittes Element die Sein-Sollen-These und die Hume'sche Theorie der Motivation.

Falls wir nicht zeigen können, dass diese Positionen widerspruchsfrei miteinander vereinbart werden können, müssen wir eine von ihnen aufgeben. Jede dieser Intuitionen kann aber nur um den Preis einer Abkehr von alltäglichen Annahmen aufgegeben werden: Wenn wir den Kognitivismus aufgeben, können wir nicht mehr die wahrheitsfunktionale Oberflächenstruktur moralischer Urteile und die Intuition der Objektivität berücksichtigen. Wenn wir den Internalismus aufgeben, müssen wir die Intuition der praktischen Relevanz moralischer Urteile ignorieren. Wenn wir die Hume'sche Theorie der Motivation bzw. die Sein-Sollen-These aufgeben, müssen wir uns sowohl von der alltagspsychologischen Annahme verabschieden, dass Überzeugungen ohne Wünsche nicht motivieren können, als auch von einem plausiblen Bild der Unterscheidung zwischen Normativem und Faktischem. Wir können sicher in den sauren Apfel beißen und eine dieser Revisionen akzeptieren – aber es ist kaum klar, welche die richtige ist.

# 4 Die Anfänge der Metaethik

## Moore und der Nonnaturalismus

Die bisher beschriebenen abstrakten Positionen kommen philosophiegeschichtlich fast immer als Teil reichhaltigerer Ansätze vor, die jeweils versuchen, eine bestimmte Kombination von ihnen plausibel zu machen. Alleine aus diesem Grund lohnt es sich, einen Blick auf die Anfänge der modernen Metaethik zu werfen. Als ihr Ursprungsmoment kann mit gutem Recht die Publikation von G.E. Moores Buch *Principia Ethica* im Jahre 1903 bezeichnet werden. Moore ist weniger aufgrund seines utilitaristischen Programms in der normativen Ethik bekannt geworden, sondern dadurch, dass er in diesem Buch Argumente für eine nicht-naturalistische, realistische Analyse moralischer Urteile vorlegte, an die sich eine Debatte anschließt, die als erste Phase der modernen Metaethik gelten kann.

Das bekannteste Argument von Moore greift den sogenannten »naturalistischen Fehlschluss« an, der seiner Meinung nach häufig von moralphilosophischen Positionen gemacht wird. Dieser Fehlschluss besteht darin, von der Tatsache, dass bestimmte Eigenschaften von Dingen und Situationen moralisch gut *sind,* darauf zu schließen, dass der Ausdruck »moralisch gut« mit der Bezeichnung dieser Eigenschaften *synonym* sei, dass also »moralisch gut« nur ein anderes Wort für »nützlich«, »von Gott geboten« oder »dem allgemeinen Wohlergehen zuträglich« sei. Da diese Identifikation von »moralisch gut« mit einer natürlichen oder übernatürlichen Eigenschaft aber nach Meinung Moores immer ein Fehlschluss ist, folgert er, dass »moralisch gut« eine *einfache, nicht-analysierbare, nicht-natürliche* Eigenschaft ist, die wir mittels einer speziellen Fähigkeit der Intuition erkennen können. Er ist also ein starker Kognitivist. Moore ist der Meinung, dass moralische Urteile sich dem Zugriff auf eine objektive Realität moralischer Eigenschaften verdanken. Er ist aber kein Naturalist, sondern Anti-Naturalist und behauptet, dass das Moralische eine eigenständige metaphysische Dimension der Wirklichkeit ist.

### Der naturalistische Fehlschluss und das »Open Question Argument«

Hier soll vor allem der erste Teil seines entscheidenden Arguments für diese Position, das sogenannte »Open Question Argument«, diskutiert werden. Moore argumentiert:

(1) Wenn wir behaupten wollen, dass der Ausdruck »moralisch gut« so zu analysieren ist, dass er *synonym* mit der Bezeichnung einer natürlichen (oder übernatürlichen) Eigenschaft »p« ist, dann müssen wir behaupten, dass es *Teil der Bedeutung* von »moralisch richtig« ist, p zu bezeichnen.

(2) Für jede Eigenschaft p gilt: Es ist auch für diejenigen, die wissen, was »moralisch gut« bedeutet, eine verständliche, *offene Frage*, ob diese Eigenschaft p tatsächlich moralisch gut ist.

Moore verdeutlicht diese Existenz einer offenen Frage an folgendem Beispiel: »Möglicherweise ist zwar, was wir zu begehren begehren, immer auch gut; vielleicht mag sogar das Gegenteil wahr sein; aber es ist sehr fraglich, ob dies der Fall ist, und allein die Tatsache, dass wir sehr wohl wissen, was diese Fragwürdigkeit bedeutet, erweist klar, dass wir zwei verschiedene Begriffe vor Augen haben« (Moore 1970 [1903]: 47).

(3) Wenn die Referenz auf p *Teil der Bedeutung* von »moralisch gut« wäre, dann würde jeder, der die Bedeutung von »moralisch gut« kennt, nicht mehr die Frage stellen können, ob p moralisch gut ist.
(4) Aus (1), (2) und (3) folgt, dass keine Bezeichnung einer moralischen Eigenschaft synonym mit »moralisch gut« sein kann.

Das Argument kann leicht nachvollzogen werden: Wenn wir annehmen, dass die Bedeutung des Wortes »Junggeselle« darin besteht, dass damit unverheiratete, heiratsfähige Männer beschrieben werden, dass also »unverheirateter, heiratsfähiger Mann« ein Synonym für »Junggeselle« ist, dann kann es keine offene Frage mehr sein, ob alle unverheirateten, heiratsfähigen Männer unter diesen Begriff fallen. Im Unterschied dazu mag es zwar (zufälligerweise) so sein, dass die Klasse der Junggesellen mit der Klasse der schlechtgelaunten Schnurrbartträger zusammenfällt. Die Frage, ob dies so ist, betrifft aber keine Tatsache, die sich alleine aus der *Bedeutung* des Wortes »Junggeselle« ergibt.

Aufgrund dieses Arguments nimmt Moore an, dass »moralisch gut« zwar möglicherweise auf bestimmte Eigenschaften referieren kann. Weil es jedoch stets eine offene Frage ist, ob »moralisch gut« gleichbedeutend mit einer

Beschreibung dieser Eigenschaften ist, sollte »moralisch gut« nicht als *synonym* mit einer solchen Beschreibung verstanden werden. Daraus folgt schließlich, so Moore, dass der Ausdruck »moralisch gut« strikt *undefinierbar* ist, also eine basale Eigenschaft bezeichnet, die auf keine andere (nicht-moralische) Eigenschaft zurückführbar ist.

### Argumente gegen Moore

Dieses Argument ist natürlich nicht unumstritten. Am bekanntesten ist die Kritik von William Frankena, der Moore vorwirft, die Wahrheit seiner These einfach vorauszusetzen: Moores Argument beruht nicht darauf, dass es für *irgendjemanden* eine offene Frage ist, ob »moralisch gut« mit »p« synonym ist, sondern nur darauf, dass es selbst für *diejenigen, die die Bedeutung von »moralisch gut« kennen*, eine offene Frage ist. Dies, also These (2), kann ein kognitivistischer Naturalist aber bestreiten: Wer *tatsächlich* weiß, dass »moralisch gut« das gleiche bedeutet wie »allgemein nützlich« (oder ähnliches), für den ist es eben *keine* offene Frage mehr. *Tatsächlich* den Ausdruck »moralisch gut« zu verstehen, würde nach dieser Sichtweise eben genau darin bestehen, einzusehen, dass diese Analyse richtig ist. Dagegen scheint Moore jedoch kein Argument vorzubringen.

Aber wir können nicht nur die Prämisse (2) angreifen, die behauptet, dass eine offene Frage existiert, wir können auch bezweifeln, ob die Existenz einer offenen Frage überhaupt ein gutes Kriterium ist: Es gibt durchaus Ausdrücke, die zwar mit anderen Ausdrücken synonym sind, bei denen es dennoch selbst für diejenigen, die wissen, was sie bedeuten, eine sinnvoll zu diskutierende Frage ist, ob dies so ist. Zum Beispiel kommen wir erst nach einigem Nachdenken darauf, dass der Begriff der Lüge synonym ist mit dem Ausdruck »absichtlicher Versuch, andere Personen dazu zu bringen, etwas zu glauben, von dem man weiß, dass es nicht wahr ist«. Es könnte also durchaus jemanden geben, der den Begriff »Lüge« versteht, für den es aber eine offene Frage ist, ob er mit diesem Ausdruck synonym ist.

Wenn dies nicht so wäre, dann könnten wir zudem nie etwas Interessantes über die Bedeutung von Worten herausfinden. Dies ist das sogenannte »Paradox der Analyse«: Wenn nur diejenigen Analysen eines Begriffs mit Hilfe eines anderen Begriffs richtig sind, die keine »offene Frage« zulassen, dann gibt es keine offenen Fragen, die durch Begriffsanalyse beantwortet werden können. Wie uns jedoch ohne weiteres an vielen philosophischen Begriffsanalysen deutlich wird, gilt dies nicht.

Schließlich nimmt Moore an, dass »moralisch gut«, wenn es keine natürliche Eigenschaft bezeichnet, zwingend eine *nicht-natürliche* Eigenschaft bezeichnen muss. Moore verwirft dabei ganz beiläufig die Alternative, dass »moralisch gut« *gar keine* Eigenschaft bezeichnen, sondern eine andere semantische Funktion haben könnte – er berücksichtigt weder die anderen Möglichkeiten kognitivistischer Positionen noch den Nonkognitivismus. Sein Argument, dass wir bei entsprechenden Urteilen einen »einzigartigen Gegenstand im Sinne« haben, ist also nicht schlüssig.

## Der Emotivismus

### Die emotivistische These von Ayer

Auch wenn das »Open Question Argument« also als nicht besonders überzeugend bezeichnet werden muss, hat es doch die Grundlage für eine ganze Reihe von Kritiken an naturalistischen Positionen in der Ethik gelegt.

So halten beispielsweise die frühen Emotivisten, die sich von Moores Argumenten gegen die Definition moralischer Ausdrücke in naturalistischen Begriffen beeindrucken ließen, eine nonkognitivistische Analyse moralischer Aussagen für den besten Ausweg aus Moores Problem: Wenn moralische Urteile nicht Überzeugungen ausdrücken, sondern vielmehr die Funktion haben, unseren *moralischen Gefühlen der Empörung oder Zustimmung Ausdruck zu verleihen*, dann kann sowohl ihre motivationale Kraft erklärt, als auch die Frage beantwortet werden, wieso sie nicht mit naturalistischen Beschreibungen gleichgesetzt werden können.

Eine der frühesten und einfachsten Darstellungen einer solchen nonkognitivistischen Position findet sich in A. J. Ayers Klassiker *Sprache, Wahrheit und Logik* aus dem Jahre 1936. Dort wird die Metaethik unter dem Titel »Kritik der Ethik und Theologie« im Rahmen eines Programms der »Elimination der Metaphysik« verhandelt. Dies weist schon auf eine Ausgangsposition Ayers hin: Ayer ist »logischer Positivist«, das heißt, er nimmt an, dass Aussagen nur dann einen Gehalt haben, wenn sie entweder *empirisch* verifizierbar sind oder wenn sie »analytische« Aussagen sind, deren Wahrheit aus logischen Gründen oder aufgrund der

Bedeutung der in ihnen verwendeten Ausdrücke garantiert ist.

Ayer akzeptiert Moores Behauptung, dass moralische Aussagen nicht als synonym mit empirischen Aussagen verstanden werden dürfen. Aber daraus folgt für ihn nicht, dass es nicht-natürliche Eigenschaften gibt – als Hauptargument gegen diese Position führt er an, dass die Berufung auf »Intuitionen«, durch die diese nicht-natürlichen Eigenschaften angeblich erkannt werden können, kaum als glückliche Analyse moralischer Erkenntnis gelten kann –, sondern, dass moralische Begriffe reine »Pseudobegriffe« darstellen, da Aussagen, die unter ihrer Verwendung gebildet werden, unverifizierbar sind:

> »Wenn ich daher zu jemand sage ›Du tatest Unrecht, als du das Geld stahlst‹, dann sage ich nicht mehr aus, als ob ich einfach gesagt hätte ›Du stahlst das Geld‹. Indem ich hinzufüge, dass diese Handlung unrecht war, mache ich über sie keine weitere Aussage. Ich zeige damit nur meine moralische Missbilligung dieser Handlung. Es ist so, als ob ich ›Du stahlst das Geld‹ in einem besonderen Tonfall des Entsetzens gesagt [...] hätte« (Ayer 1970 [1936]: 141).

Moralische Aussagen haben nach Ayers Auffassung also keine eigene Bedeutungsdimension jenseits der in ihnen enthaltenen empirischen Aussagen, moralische Termini sind vielmehr nur sprachliche Ausdrucksmittel für Empfindungen. Zugleich dienen sie dazu, auch in anderen diese Empfindungen hervorzurufen oder sie ihnen zu empfehlen. Sie können daher auch weder wahr noch falsch sein.

### Einwände gegen den Emotivismus

Den ersten offensichtlichen Einwand gegen diese Position diskutiert Ayer selbst: Falls wir mit moralischen Urteilen nur unsere Emotionen ausdrücken oder anempfehlen: Wie könnten wir dann jemals mit Gründen über Moral diskutieren? Eine Diskussion darüber, wer moralisch recht hat, scheint vorauszusetzen, dass es richtige und falsche Positionen gibt. Dieses Problem löst Ayer relativ radikal: In solchen Fällen *scheint* es nur so, als ob wir über Moral diskutieren. In Wirklichkeit diskutieren wir immer nur die empirischen Annahmen, die unseren Gefühlen zugrunde liegen. Tatsächliche moralische Divergenzen lassen seiner Ansicht nach keine sinnvolle Diskussion zu.

Aber die verifikationistische Prämisse, dass nur empirisch verifizierbare und analytische Aussagen sinnvoll sind, ist kaum überzeugend: Es gibt zahlreiche sinnvolle Behauptungen, die wir nicht durch Beobachtung verifizieren können, etwa kontrafaktische Behauptungen. Ayer kann also nicht beweisen, dass moralische Urteile nicht wahr oder falsch sein können. Dennoch steckt hinter dieser Kritik am Kognitivismus ein sinnvoller Kern: Der Kognitivismus bleibt unplausibel, solange unklar bleibt, was es überhaupt heißen könnte, Wissen über moralische Tatsachen zu erlangen und wie dies funktionieren könnte.

Gegen Ayer lässt sich zweitens einwenden, dass unklar bleibt, wieso er eine nonkognitivistische Analyse moralischer Urteile vorschlägt, anstatt zu fordern, moralisches Urteilen einfach ganz aufzugeben – was sein Vorschlag für die ebenso unverifizierbaren Aussagen der Metaphysik oder Theologie ist.

Drittens beruht Ayers Behauptung, dass wir moralische Urteile nicht überprüfen können, auf Moores Argument dagegen, dass moralische und nichtmoralische Aussagen äquivalent sein können. Jedes Argument gegen Moore ist damit zugleich potenziell immer auch ein Argument gegen Ayer.

### Stevensons Emotivismus

Aufgrund dieser Unklarheiten lohnt es sich, zum Vergleich eine zweite emotivistische Position zu betrachten, nämlich den Ansatz von Charles L. Stevenson. Stevenson legt drei Maßstäbe an eine erfolgreiche Analyse des Begriffs »gut« an: Sie muss (1) moralische Uneinigkeit erklären können, also über den Subjektivismus hinausgehen, sie muss (2) die motivationale Kraft von moralischen Urteilen erklären können, und sie muss (3) die Einsicht Moores respektieren, dass »gut« nicht synonym mit einem Begriff sein kann, der eine natürliche Eigenschaft bezeichnet.

Stevenson nimmt an, dass eine Analyse moralischer Urteile diese Funktion nur erfüllen kann, wenn sie den Gedanken aufgibt, dass solche Urteile *nur* deskriptiv zu verstehen sind. Vielmehr besteht die Funktion einer moralischen Aussage immer *auch* darin, eine bestimmte Handlung zu *empfehlen*. Dadurch wird klarer, weshalb die Bedeutung von »gut« oder »richtig« nicht nur in der Bezeichnung natürlicher Eigenschaften bestehen kann: Wir können mit anderen hinsichtlich aller empirischen Eigenschaften einer Handlung übereinstimmen, dennoch werden wir uns über die Frage, ob sie gut ist, uneinig sein, solange wir nicht die entsprechende motivationale Haltung in unserem Gesprächspartner erzeugt haben.

Es ist zudem eine wichtige Einsicht Stevensons, dass die *deskriptive Oberflächenstruktur* mancher Äußerungen nicht notwendigerweise auf eine ausschließlich *deskriptive Funktion* schließen lässt: Die Aussage »Ich habe zu viel Arbeit« kann sowohl deskriptiv gemeint sein, als auch eine Aufforderung darstellen, mir Arbeit abzunehmen. Auch »moralisch gut« kann in diesem Sinne deskriptiv verwendet werden, um die eigene moralische Einstellung zu beschreiben oder einer Handlung bestimmte natürliche Eigenschaften zuzuschreiben – wenn etwa ein katholischer Priester behauptet, eine Person habe gut gehandelt, dann haben wir eine relativ klare Vorstellung darüber, welche empirischen Eigenschaften die entsprechende Handlung wohl hatte. Durch diese beschreibende Funktion, die Stevenson im Kontrast zu Ayer zulässt, wird die Bedeutung moralischer Aussagen aber nicht *erschöpft* – und deshalb können moralische Ausdrücke auch nicht durch nicht-moralische Ausdrücke ersetzt oder definiert werden. Vielmehr gibt es eine zweite Dimension der Bedeutung moralischer Ausdrücke, die er »dynamisch« oder »emotiv« nennt, da sie darauf ausgerichtet ist, anderen bestimmte affektive Reaktionen anzuempfehlen.

Stevenson geht davon aus, dass diese emotivistische Lesart von moralischen Urteilen moralische Uneinigkeit erklären kann, wenn man diese nicht als Uneinigkeit hinsichtlich von Überzeugungen, sondern als Uneinigkeit hinsichtlich von Empfehlungen oder Interessen versteht. Es geht also nicht um logische, sondern um die praktische Inkompatibilität verschiedener Empfehlungen. Zudem ist die

Verbindung zur Motivation sehr klar, falls »gut« eine Aufforderung darstellt, in einer bestimmten Weise affektiv zu reagieren.

Von Stevenson wird die Rolle moralischer Konflikte also zumindest etwas besser erklärt als von Ayer. Er muss sich auch nicht auf einen unplausiblen Verifikationismus berufen. Dennoch bleiben zahlreiche Probleme bestehen: Stevenson muss (1) auch all unsere Intuitionen über die Objektivität moralischer Urteile restlos über Bord werfen. Und er bekommt (2) unweigerlich ein Problem mit der Verwendung moralischer Ausdrücke in denjenigen Kontexten, in denen sie nicht als Äußerung von Emotionen verwendet werden. Denn Aussagen wie »Wenn Gott es verbietet, zu stehlen, dann ist es moralisch falsch, zu stehlen« oder ähnliche konditionale Aussagen drücken eben keine tatsächliche Missbilligung aus, sondern scheinen Aussagen über *hypothetische Sachverhalte* zu sein (dieses Problem taucht noch einmal hier ausführlich in Abschnitt: »Das Problem der logischen Einbettung moralischer Sätze«, S. 71–76, auf). Nicht immer, wenn wir moralisches Vokabular verwenden, können wir es also in emotivistischer Weise analysieren. Daher bleibt unklar, ob der Emotivismus unseren Intuitionen gerecht werden kann und als semantische Theorie plausibel und konsistent ist.

## Der Präskriptivismus

Eine dritte Position der »ersten Phase« ist der Präskriptivismus Richard M. Hares. Hare stimmt mit Ayer und Stevenson darin überein, dass die Bedeutung von Ausdrücken wie »gut« und »richtig« nicht nur darin besteht, natürliche Eigenschaften zu *bezeichnen*. Moralische Sprache beschreibt also nicht Sachverhalte, sondern, so Hare, hat primär eine *präskriptive* Funktion. Hare leitet dies vom nicht-moralischen Sinn dieser Ausdrücke ab, den er als kontinuierlich mit dem moralischen Sinn versteht. Daraus, dass »gut« in Ausdrücken wie »ein gutes Auto« und »ein gutes Eis« auf völlig verschiedene Eigenschaften referiert, schließt er, dass »gut« nicht den semantischen Zweck erfüllt, in allen Kontexten die gleichen Eigenschaften zu *bezeichnen*, sondern je nach Kontext diejenigen Eigenschaften bezeichnet, die das Objekt empfehlenswert machen. Die Bedeutung von »gut« besteht also darin, ein Objekt oder eine Handlung *als empfehlenswert zu charakterisieren*. Nun ist damit dem Subjektivismus nicht Tür und Tor geöffnet, da Hare annimmt, dass wir uns durch die Verwendung dieses Wortes aus grammatischen Gründen schon immer darauf festlegen, dass die gleichen Eigenschaften auch gleich empfehlenswert sind und dass relevant ähnliche Eigenschaften auch ein ähnliches Maß an Empfehlung verdienen. »Gut« und auch »richtig« drücken also nicht konkrete Empfehlungen einer bestimmten Handlung oder eines bestimmten Objekts aus, sondern *universale Empfehlungen*. Im nicht-moralischen Fall handelt es sich dabei um Empfehlungen innerhalb einer bestimmten Klasse von Handlungen relativ zu den Zwecken, die diese Klasse charakterisieren (»gutes Klavierspielen«, »gutes Boxen«), während im moralischen Sinne »richtig« und »gut« dazu dienen, *universelle Präskriptionen* auszudrücken, also Präskriptionen, die weder bezüglich der Adressaten noch bezüglich der Ausrichtung auf Vergangenheit und Zukunft beschränkt sind, sondern die ausschließlich eine Klasse von Situationen mit relevanten Eigenschaften mit der geforderten Handlung verbinden.

Hares Präskriptivismus unterscheidet sich in drei Hinsichten von rein emotivistischen Lösungen: Er trennt (1) stärker zwischen der auffordernden Semantik von moralischen Aussagen und der Funktion, auf das Verhalten anderer einzuwirken (die nach Hares Ansicht nicht zur Semantik der Moral gehört). Hare nimmt (2) an, dass es *objektive* Gründe in der Moral gibt, weil es weitreichende Konsistenzanforderungen hinsichtlich moralischer Urteile gibt: Man darf nur das als Urteil äußern, was man auch selbst zu befolgen bereit ist, und man muss relevant ähnliche Situationen gleich beurteilen. Und Hare unterscheidet (3) moralische Urteile nicht dahingehend von anderen Werturteilen, dass moralischen Urteilen ein bestimmter mentaler Zustand zugrunde liegt, der durch sie »ausgedrückt« wird.

## Die Irrtumstheorie

Moores Antinaturalismus, der Emotivismus und der Präskriptivismus sind jedoch nicht die einzigen Positionen, die den Naturalismus zurückweisen. Eine weitere Theorie, die zu den Grundpositionen der Metaethik gehört, ist die sogenannte *Irrtumstheorie* der Moral, die vor allem durch das Buch von John Mackie berühmt wurde, das im Deutschen »Ethik. Auf der Suche nach dem Richtigen und Falschen« heißt, im englischen Original aber den wesentlich mutigeren Untertitel »Inventing Right and Wrong« trägt.

Eine Irrtumstheorie ist eine kognitivistische Theorie.

Sie nimmt also an, dass moralische Urteile Ausdruck von Überzeugungen sind und dass die Bedeutung moralischer Ausdrücke durch ihre Wahrheitsbedingungen gegeben ist. Zugleich behauptet sie aber, dass keine (affirmative) moralische Aussage als wahr bezeichnet werden kann, weil sie nur dann wahr wäre, wenn Situationen und Handlungen (moralische) Eigenschaften hätten, die sie gar nicht haben können.

Mackies Argument für diese Position hat zwei Teile: Er argumentiert (1) für eine kognitivistische Analyse alltäglicher moralischer Urteile, und sogar dafür, dass sie den Anspruch erheben müssen, Aussagen über »objektive Werte« zu machen. Um dies zu begründen, verweist er auf die philosophische Tradition, in der moralische Urteile weitgehend so verstanden werden, dass sie objektive Gültigkeit beanspruchen. Sowohl die Verwendung moralischer Ausdrücke in der Alltagssprache als auch die Intuitionen, die die meisten Menschen hinsichtlich dieser Ausdrücke haben, zeigen, dass die Bedeutung, die wir diesen Ausdrücken geben, kognitivistisch analysiert werden muss. Mackie wirft den Realisten aber vor, dass sie bei diesem Nachweis stehen bleiben und annehmen, dass ihre Position damit schon ausreichend begründet wäre. Sie fragen nicht, ob das, auf dessen Existenz wir uns in unserer moralischen Alltagssprache festlegen, überhaupt *existieren kann*.

Deshalb besteht der zweite Teil seiner Theorie aus einem Argument, das (2) zeigt, dass es keine solchen objektiven Werte gibt und dass daher alle moralischen Urteile, die die Existenz dieser Werte unterstellen, falsch sind. Wir können uns diese Behauptung anhand einer Analogie klarmachen: Fragen wir uns, was Begriffe wie »Hexe«, »Einhorn« oder »untot« bedeuten, so ist klar, dass diese Worte (abgesehen von ihrer Verwendung in Romanen oder ähnlichem) primär dazu benutzt werden, Behauptungen über die Realität zu machen. »5 Prozent aller Menschen sind untot« oder »Alle Hexen sind älter als 50 Jahre« sind Behauptungen, die wahr oder falsch sein können. Wir sind also bezüglich der entsprechenden Urteile Kognitivisten. Aber benötigen wir deshalb eine substanzielle metaphysische Theorie über Hexen oder über die Eigenschaft »untot«? Offensichtlich nicht, weil alle (affirmativen) Behauptungen über angeblich existierende Hexen genauso wie alle Behauptungen, die Personen zuschreiben, dass sie untot sind, entweder falsch sind oder zumindest sich auf keine existierenden Objekte oder Personen beziehen. Die einzige metaphysische Aussage, die man über Hexen machen kann, ist eben die, dass es sie nicht gibt. Genau die gleiche Perspektive, nur bezüglich der Eigenschaft »moralisch gut«, nimmt die Irrtumstheorie der Moral ein: »moralisch gut« ist ihrer Meinung nach eine so seltsame Eigenschaft wie »untot«. Es ist nicht nur unklar, was es heißen würde, diese Eigenschaft zu haben, faktisch hat auch nichts und niemand diese Eigenschaft.

Mackies Argument gegen die Existenz objektiver Werte hat zwei Teile: Den ersten Teil nennt Mackie »das Argument aus der Relativität«, den zweiten Teil »das Argument aus der Absonderlichkeit«. Das *Argument aus der Relativität* geht davon aus, dass die Tatsache, dass in unterschiedlichen Gesellschaften unterschiedliche Moralsysteme herrschen, Zweifel daran wecken sollte, dass wir Moral als den kognitiven Zugriff auf objektive Werte verstehen können. Mackie gibt zwar zu, dass es auch in anderen Gebieten, die zweifellos als Beschreibungen einer objektiven Welt gelten müssen (etwa der Kosmologie) kulturell bedingte Unterschiede gibt. Aber für diese Unterschiede haben wir eine *gute Erklärung* – wir wissen, wieso sich manche Personen irren oder wieso sie die Lücken in ihren Theorien, für die noch nicht ausreichend empirische Daten existieren, in unterschiedlicher Weise durch Spekulationen ausfüllen. Im Bereich der Moral existiert jedoch keine gute Erklärung dafür, wieso einige Menschen weniger gut als andere moralische Tatsachen erkennen sollten. Vielmehr ist die beste Erklärung für kulturelle Unterschiede in der Moral, dass moralische Urteile nichts Objektives beschreiben.

Dieses Argument ist kaum ein Beweis, sondern zeigt nur, dass eine realistische Position eben kulturelle Unterschiede erklären können muss. Das stärkere Argument ist das *Argument aus der Absonderlichkeit*: Wenn es moralische Tatsachen gibt, dann müssen wir annehmen, so Mackie, dass dies Tatsachen sind, die eine *intrinsische* und (anders als etwa Wünsche) eine *kategorische, personenunabhängige* und *absolute* präskriptive Dimension haben und die mit einem »kategorischen Sollen« einhergehen. Solche Tatsachen wären jedoch metaphysisch »absonderlich« – wir kennen ähnliches aus anderen Gebieten der Metaphysik nicht. Es ist nicht einmal klar, was für eine Art von Tatsachen dies überhaupt sein könnte. Auch in epistemischer Hinsicht ergibt sich eine Absonderlichkeit: Wir müssen annehmen, dass wir eine Fähigkeit haben, solche Tatsachen mit dem ihnen zugehörigen Sollen wahrzunehmen. Es ist, im Unterschied zu natürlichen Tatsachen, aber sehr unklar, worin eine solche Wahrnehmungsfähigkeit bestehen könnte, und wie uns diese Tatsachen beeinflussen, wenn wir sie wahrnehmen. Aufgrund der metaphysischen Absonderlichkeit muss letztendlich jede objektivistische Position die Behauptung Moores teilen, dass wir einen Sinn »einer eigenen Art« haben, mit dem wir moralische Tatsachen wahrnehmen können.

Nach Mackie ist es eine ungleich bessere Erklärung für unsere moralischen Urteile, dass sie auf einer *Objektivierung unserer subjektiven Reaktionen* beruhen: Wir projizieren unsere subjektiven Reaktionen in die Welt und tun so, als wären sie objektive Eigenschaften. Das sind sie jedoch nicht, und solange unsere moralischen Urteile sie so behandeln, ist keines unserer moralischen Urteile gerechtfertigt.

Natürlich macht Mackie seinen Gegner damit sehr schwach. Nicht nur ist unklar, ob all die »absonderlichen« Positionen, die er dem Objektivisten unterstellt, notwendigerweise aus der Behauptung folgen, dass es moralische Tatsachen gibt. Er vernachlässigt zudem auch die Möglichkeiten des Externalismus (der nicht annehmen muss, dass moralische Tatsachen eine kategorische »motivierende Kraft« haben) und zieht nicht ernsthaft in Betracht, ob unsere alltägliche Sprachverwendung auch nonkognitivistisch analysiert werden kann. Die Irrtumstheorie ist also eine Option, die schon immer davon ausgeht, dass alle anderen Theorien scheitern. Ob das so ist, ist jedoch etwas, das erst noch gezeigt werden muss.

# 5 Der Expressivismus

In der metaethischen Debatte der ersten Hälfte des 20. Jahrhunderts entstand in der Gestalt des Emotivismus die erste explizit nonkognitivistische Theorietradition. Die relativ grobschlächtigen Analysen moralischer Urteile, die in dieser Tradition entwickelt wurden, zeigten aber schon bald erhebliche Schwächen, die im folgenden diskutiert werden sollen. Als Reaktion auf diese Probleme haben sich in den letzten Jahrzehnten komplexere nonkognitivistische Theorien herausgebildet, von denen die Ansätze von Simon Blackburn und Alan Gibbard die bekanntesten sind.

## Attraktivität und Probleme nonkognitivistischer Positionen

Um einen zwischenzeitlichen »Kassensturz« für den Nonkognitivismus vorzunehmen, lassen sich sowohl klare Argumente, die für ihn sprechen, als auch zahlreiche offene Probleme identifizieren. Zu den unbestreitbaren Vorteilen des Nonkognitivismus gehört seine *metaphysische Sparsamkeit*. Da er nicht annimmt, dass die Bedeutung moralischer Urteile durch Wahrheitsbedingungen gegeben ist, die sich auf moralische Eigenschaften oder ähnliches beziehen, muss er nicht erläutern, was dies sein könnte. Er kann auch leicht die *motivationale Kraft* moralischen Urteilens erklären und unseren internalistischen Intuitionen Genüge tun.

Ein weiterer Vorteil des Nonkognitivismus besteht darin, dass er die *Supervenienz des Moralischen auf dem*

*Nicht-Moralischen*, also die Zusammenhänge zwischen moralischen und nicht-moralischen Urteilen, erklären kann, weil er moralische Urteile als *konsistente Reaktionen* auf nicht-moralische Tatsachen interpretiert. Schließlich kann er auch die Frage moralischer Urteilsfähigkeit oder *Erkenntnis* plausibel lösen, da die Reaktionen oder Haltungen, die sich in moralischen Urteilen ausdrücken, als das Ergebnis von Erziehung und kultureller Adaptation verstanden werden können und keine speziellen Erkenntnisfähigkeiten benötigen. Diesen unbestreitbaren Vorteilen stehen jedoch zahlreiche Probleme entgegen, von denen zumindest vier etwas ausführlicher dargestellt werden sollen.

### Die wahrheitsfunktionale Oberflächenstruktur moralischen Diskurses und die kognitivistische Intuition

Moralische Urteile werden vor allem in Sätzen wie »Handlung X ist richtig bzw. gut« oder »Handlung X ist moralisch geboten« ausgedrückt. Prädikate wie »gut«, »moralisch richtig« und »moralisch geboten« sind Ausdrücke, die »adjektivisch« funktionieren – die also üblicherweise die Funktion haben, Entitäten (Dingen, Situationen, Handlungen) Eigenschaften zuzuschreiben. Die Zuschreibung einer Eigenschaft ist jedoch im Normalfall eine wahrheitsfähige Aussage. Der Kognitivismus ergibt sich also als plausible Intuition direkt aus der Struktur unserer moralischen Sprache. Dies ist natürlich noch kein Argument, weil wir zahlreiche adjektivische Prädikate kennen (»wahr« oder

»existierend«), bei denen es unklar ist, ob sie wirklich primär zur Zuschreibung von Eigenschaften verwendet werden. Dennoch muss ein Nonkognitivist zunächst erklären, wieso dies bei moralischen Prädikaten nicht der Fall sein sollte.

### Das Problem der Objektivität und moralischen Wissens

Wir haben zudem eine starke Intuition, dass Moral keine »Geschmackssache« ist – dies scheint sogar eines der Kriterien dafür zu sein, moralische Urteile von bloßen Konventionen abzugrenzen. Moral ist eine Sphäre, in der normative Urteile nicht kontingenten Entscheidungen anheimgestellt sind, sondern in der wir versuchen müssen, die *richtigen* Normen zu finden. Insbesondere sollte die Moral – so eine starke Intuition – davon unabhängig sein, was Personen über Moral denken. Es ist aber schwer zu verstehen, wie der Ausdruck von Haltungen oder Einstellungen einen solchen Anspruch auf Objektivität erheben könnte. Der Ausruf: »Ich finde das schrecklich, und du solltest auch so denken!« scheint einen Anspruch zu erheben, der eben davon abhängig ist, dass die Person, die ihn erhebt, eine bestimmte Einstellung hat. Hätte sie diese Einstellung nicht, würde auch der Anspruch nicht bestehen.

Darüber hinaus sprechen wir auch in einer Weise von »moralischem Wissen«, die schwer mit dem Nonkognitivismus vereinbar zu sein scheint. Sagen wir etwa: »Du darfst dein Kind nicht dafür moralisch tadeln, denn es wusste ja gar nicht, dass das, was es getan hat, moralisch falsch war«, meinen wir damit weder, dass das Kind nicht dafür getadelt werden sollte, dass es eine *bestimmte moralische Einstellung nicht hat*, noch meinen wir damit, dass es nicht dafür getadelt werden darf, dass es nicht wusste, welche moralische Einstellung *wir* haben: Wir meinen damit, dass das Kind etwas Objektives noch nicht erkennen konnte.

## Das Problem der Identifikation der moralischen Haltung

Eine nonkognitivistische Theorie muss auch psychologisch einigermaßen plausibel sein: Falls sie behauptet, dass die Bedeutung moralischer Ausdrücke dadurch gegeben ist, dass wir sie benutzen, um bestimmte Affekte, bestimmte Einstellungen oder Haltungen zum Ausdruck zu bringen, muss sie einen glaubwürdigen Vorschlag machen, *welche* Haltungen dies sind. Offensichtlich bringen wir nicht alle Empfehlungen oder alle positiven Einstellungen mittels moralischen Vokabulars zum Ausdruck. Wir können relativ klar zwischen Situationen unterscheiden, in denen wir moralische Empörung zum Ausdruck bringen, und Situationen, in denen wir nur allgemeine Gefühle der Ablehnung haben. Es ist dafür aber nicht das entscheidende Kriterium, dass wir nur im moralischen Fall auch anderen Menschen die gleichen Gefühle anempfehlen wollen – dies gilt auch für viele nicht-moralische Urteile, bei denen wir denken, dass andere Personen kultivierter, glücklicher oder in anderer Weise bessergestellt wären, wenn sie die gleichen Haltungen hätten. Daher müssen wir moralische Einstellungen auf andere Weise abgrenzen können, und zwar mittels einer Beschreibung, die nicht wiederum selbst moralische Ausdrücke verwendet. Es ist aber unklar, ob wir eine solche Abgrenzung in nicht-moralischen Termini leisten können.

### Das Problem der logischen Einbettung moralischer Sätze

Das vierte und letzte Problem verdient die ausführlichste Würdigung, weil es – anders als die anderen Probleme – nicht nur auf ungeklärte Fragen hinweist, sondern ein echtes Argument gegen den Nonkognitivismus darstellt. Das Argument wurde 1960 in einem bekannten (und nur fünf Seiten langen) Artikel von Peter Geach vorgestellt, der es Gottlob Frege zuschreibt. Daher wird es oft das Frege-Geach-Problem genannt, obwohl fairerweise hinzugefügt werden muss, dass auch John R. Searle in einem Artikel von 1962 unabhängig von Geach ähnliche Überlegungen entwickelt hat.

#### *Die Unterscheidung von Prädikation und Behauptung*

Das Frege-Geach-Argument bezieht sich auf die *semantische* Position des Emotivismus. Nach dieser Position besteht die *Bedeutung* des Satzes »X ist gut« darin, dass dieser Satz die Funktion hat, X zu empfehlen, zu befürworten oder zu begrüßen. Die Bedeutung eines moralischen Satzes wird also durch die *Handlung* festgelegt, die eine Person, die den Satz äußert, mit dieser ausführen kann.

Dabei ergibt sich folgendes Dilemma:

(1) Behauptung: Die Bedeutung des Ausdrucks »moralisch gut« ist dadurch gegeben, dass der Ausdruck dazu verwendet wird, Handlung H zu vollziehen (H könnte etwa sein: zu empfehlen, seine Gefühle auszudrücken).
(2) Gegenbeispiel: Betrachten wir die Frage: »Ist X moralisch gut?« In dieser Frage wird »moralisch gut« verwendet, aber offensichtlich nicht, um H zu vollziehen. Wer fragt, empfiehlt nicht.

Daher könnte man die Behauptung revidieren:

(1') Revidierte Behauptung: Die Bedeutung des Ausdrucks »moralisch gut« ist dadurch gegeben, dass er in Situationen benutzt wird, in denen sich die Handlung H »abzeichnet« oder in denen sie in der Interaktion »eine Rolle spielt«.
(2') Gegenbeispiele: Aber auch hier gibt es Gegenbeispiele:
   (i) »Wenn X moralisch gut ist, dann ist auch Y moralisch gut.«
   (ii) »Niemand kann wissen, ob X wirklich moralisch gut ist.«

In diesen Beispielen spielt die Handlung H (empfehlen usw.) offensichtlich keine Rolle, weil niemand empfiehlt, aufgefordert wird, zu empfehlen, oder ähnliches. Der Ausdruck »moralisch gut« wird hier also *verwendet, ohne den charakteristischen Sprechakt zu vollziehen.*

Die Nonkognitivisten scheinen also zu Unrecht anzunehmen, dass wir die Bedeutung moralischer Ausdrücke immer durch ihre Funktion des Ausdrucks bestimmen können. Geach nimmt an, dass hinter diesem Problem der von Frege beschriebene Fehler einer Verwechslung von *Behauptungen* und *Prädikationen* steht. Wir müssen die Prädikation, also den *Gehalt der Zuschreibung*, der in den Aussagen »X ist p«, »X könnte p sein« und »Ist X p?« eine Rolle spielt, das heißt, die Verknüpfung von X und p, die in den unterschiedlichen Modi dieser Sätze *thematisiert* wird, von dem *Akt der Behauptung* – »X ist p!« – unterscheiden. Während der Gehalt auch dann als Element der Bedeutung eines Satzes erhalten bleibt, wenn wir die Prädikation in andere Sätze einbetten (»Es gilt nicht: X ist p«; »Wenn gilt, dass X p ist, dann gilt auch: Y ist q«), vollziehen wir bei solchen Einbettungen nicht mehr den *Akt*, die Zuschreibung »X ist p« zu behaupten. Die Bedeutung der Prädikation kann also nicht durch den *Akt der Akzeptanz der Zuschreibung* gegeben sein. Dies war aber genau das, was der Emotivismus behauptet.

So schreibt Geach:

> »[...] wenn ich beispielsweise voller Überzeugung den Satz äußere ›Wenn Glücksspiel schlecht ist, dann ist es auch schlecht, Personen zum Glücksspiel aufzufordern‹, dann verurteile ich damit weder das Glücksspiel noch Aufforderungen zum Glücksspiel, obwohl ich diesen Handlungstypen dabei das Prädikat ›schlecht‹ zuspreche. Aus diesem Grund ist es hoffnungslos, den Gebrauch des Begriffs ›schlecht‹ durch Verweis auf nichtdeskriptive Akte des Verurteilens erläutern zu wollen« (Geach 1960: 224, Übersetzung, T. S.).

Der Emotivismus steht daher vor dem Problem, dass sein semantischer Vorschlag (die Bedeutung moralischer Ausdrücke ist durch ihre Funktion gegeben, affektive oder volitionale Zustände auszudrücken) nicht wahr sein kann, da moralische Ausdrücke offensichtlich auch dann mit der gleichen Bedeutung verwendet werden können, wenn sie nicht diese Funktion haben.

### *Verschiedene Bedeutungen moralischer Ausdrücke und moralische Schlussfolgerungen*

Wir könnten versuchen, dieses Problem zu umgehen, indem wir annehmen, dass Ausdrücke wie »moralisch gut« *verschiedene* Bedeutungen haben, und zwar je nachdem, ob sie in affirmativen oder negativen Aussagen verwendet oder ob sie in komplexere Sätze eingebettet werden.

Die beiden Sätze

(A) »X ist gut!«

(B) »Wenn X gut ist, dann ist auch Y gut.«

verwenden zwar – so die Idee – scheinbar das gleiche Wort »gut«, aber in zwei verschiedenen Bedeutungen (so wie man »Bank« verwenden kann, um ein Sitzmöbel oder ein Geldanlageinstitut zu beschreiben).

Dieser Ausweg ist jedoch nicht möglich. Dass wir moralische Ausdrücke in einfachen Kontexten, wie in (A), und in »eingebetteten Kontexten«, wie in (B), im *gleichen* Sinn verwenden, zeigt sich daran, dass wir in moralischen Schlussfolgerungen von Sätzen des einen Typs auf Sätze des anderen Typs *schließen* können. Das können wir jedoch nur dann, wenn beide Satztypen moralische Ausdrücke im gleichen Sinne verwenden.

Diese Idee kann man durch die Betrachtung des »moralischen *Modus Ponens*« erläutern. Betrachten wir folgendes beispielhafte Argument:

(I) Es ist moralisch falsch, zu lügen.
(II) Wenn es moralisch falsch ist, zu lügen, dann ist es auch moralisch falsch, seinen kleinen Bruder dazu zu bringen, zu lügen.

---

(III) Es ist moralisch falsch, seinen kleinen Bruder dazu zu bringen, zu lügen.

Vorausgesetzt, dass der oben vorgeschlagene Ausweg richtig wäre, müssten wir annehmen, dass der Ausdruck »moralisch falsch« in diesen Aussagen zweimal im emotivistischen Sinne verwendet wird (in I und III) und einmal (in II) in dem unspezifizierten anderen Sinn, den dieser Ausdruck hat, wenn er in Aussagen *eingebettet* wird. Das würde jedoch bedeuten, dass der Schluss von den Prämissen I und II auf die Konklusion III nicht logisch gültig wäre, weil er auf einer Gleichsetzung unterschiedlicher Bedeutungen beruhen würde. Aber offensichtlich *ist* I bis III ein logisch gültiger Schluss. Daher steht der Emotivist vor folgendem Dilemma:

Die Tatsache, dass der genannte Schluss richtig ist, zeigt:
(1) Moralische Ausdrücke haben in eingebetteten Kontexten zumindest manchmal die gleiche Bedeutung, die sie auch in einfachen Kontexten haben.

Der beschriebene Ausweg nimmt aber an:

(2) Die Bedeutung moralischer Ausdrücke in eingebetteten Kontexten ist niemals durch ihre expressive Funktion gegeben.

Daraus folgt:

(3) Die Bedeutung moralischer Ausdrücke kann auch in einfachen Kontexten nicht immer durch ihre expressive Funktion gegeben sein.

Dies ist in der Tat ein vernichtendes Ergebnis für den Nonkognitivismus, der genau das behauptet, was in (3) verneint wird. Es ist daher nicht erstaunlich, dass neuere nonkognitivistische Ansätze viel Mühe darauf verwenden, dieses Problem zu umgehen, indem sie versuchen, vor allem die Prämisse (2) des zuletzt vorgestellten Arguments anzugreifen, also indem sie versuchen, zu erklären, wie auch in komplexen, eingebetteten Kontexten die Bedeutung eines moralischen Ausdrucks durch seine expressive Funktion gegeben sein kann. Zwei dieser Ansätze sollen im folgenden diskutiert werden.

## Blackburns Quasi-Realismus

### Projektivismus und Quasi-Realismus

Nach dem Emotivismus wurde dem Nonkognitivismus erst durch die Theorie Simon Blackburns, die er »Quasi-Realismus« nennt, wieder neue Energie verliehen.

Blackburns Theorie besteht zunächst aus der Skizze einer nonkognitivistischen Grundposition unter dem Titel »Projektivismus«: Eine projektivistische Theorie nimmt an, dass moralische Urteile Äußerungen von zustimmenden und empfehlenden Haltungen sind, die nicht im klassischen Sinne wahrheitsfähig sind. »Projektivismus« heißt aber auch, dass im moralischen Diskurs diese Haltungen auf die Sachverhalte *projiziert* werden, so dass sie uns wie Eigenschaften dieser Sachverhalte erscheinen. Eine solche »Projektion« kann scheinbar als kognitiver Fehler beschrieben werden, aber Blackburn will zeigen, dass es gute Gründe für diese Projektion gibt und dass wir sogar den Begriff der *Wahrheit* im Zusammenhang mit der Moral verwenden dürfen. Da moralische Urteile nicht schon an und für sich wahrheitsfähig sind, dürfen wir die Verwendung des Begriffs der Wahrheit aber nicht ohne weiteres für gerechtfertigt halten. Der moralische Diskurs muss sich vielmehr den Begriff der Wahrheit erst *verdienen*. Er kann sich ihn verdienen, indem wir zeigen, dass moralische Urteile in wichtigen Hinsichten so sind wie deskriptive Urteile, obwohl sie nicht im gleichen Sinne Wahrheitsbedingungen haben.

## Das Verbot gemischter Welten

Neben den bereits bekannten Argumenten gegen den Kognitivismus präsentiert Blackburn auch noch ein neuartiges Argument, das sich auf die sogenannte »Supervenienz des Moralischen auf dem Nichtmoralischen« bezieht: Die grundlegende Intuition dieses Arguments besteht in der Einsicht, dass zwei Handlungen oder Situationen, die identisch hinsichtlich ihrer nicht-moralischen Eigenschaften sind, auch die gleiche moralische Bewertung verdienen: Gesetzt den Fall, dass zwei Personen unter den genau gleichen Umständen (mit der gleichen Vorgeschichte usw.) das gleiche tun, gibt es keinen Grund, ihre Handlungen moralisch unterschiedlich zu bewerten. Wir können dies Intuition 1 ($I_1$) nennen. Diese Behauptung wird oft so ausbuchstabiert:

> **(Supervenienz)**: Für alle Kombinationen von vollständigen nicht-moralischen und moralischen Beschreibungen N und M gilt: *Wenn* es eine Situation gibt, auf die N und M zutreffen, dann trifft *notwendigerweise* auf alle anderen Situationen, auf die N zutrifft, auch M zu.

Viele Menschen haben aber auch die Intuition 2 ($I_2$), dass die moralischen Eigenschaften einer Situation nicht direkt aus den nicht-moralischen Eigenschaften *ableitbar* sind. Wenn dies zutrifft, dann ist es im Prinzip *möglich*, dass auf eine bestimmte Situation die Beschreibung N, nicht jedoch M zutrifft. Anders gesagt: Für jede Kombination von N und M gibt es eine *mögliche, denkbare Welt*, in der auf Situationen die Beschreibung N, nicht aber M zutrifft. Gäbe es eine solche denkbare Welt nicht, dann könnten wir aus N direkt M ableiten – genau das halten wir aber nach $I_2$ für unmöglich.

Das heißt jedoch wiederum, dass die verwendete Definition der Supervenienz präzisiert werden muss: Sie soll nicht implizieren, dass es in *keiner möglichen Welt* eine Situation gibt, auf die die Beschreibung N, jedoch nicht M zutrifft, sobald auf *eine* Situation in *einer möglichen Welt* die Beschreibungen N und M zutreffen. Sie impliziert vielmehr eine schwächere Behauptung: Wenn in einer *bestimmten* möglichen Welt auf *eine* Situation die Beschreibungen N und M zutreffen, dann trifft in *dieser* Welt auf *jede* Situation, auf die die Beschreibung N zutrifft, auch M zu. Es gilt also:

> **(Supervenienz-revidiert):** Es kann keine mögliche Welt geben, in der es *sowohl* Situationen gibt, auf die die Beschreibungen N und M zutreffen, *als auch* Situationen, die durch N und nicht-M richtig charakterisiert werden können.

Es folgt also aus zwei plausiblen Intuitionen, dass »gemischte Welten«, die sowohl (N, M)- als auch (N, nicht-M)-Situationen enthalten, unmöglich sind.

Dieses »Verbot gemischter Welten« muss für einen naturalistischen Kognitivisten ein Problem darstellen: Da nach der Ansicht eines Naturalisten *sowohl* N *als auch* M *Beschreibungen natürlicher Tatsachen* sind, gilt: Falls bestimmte Kombinationen von natürlichen Tatsachen – (N, M) und (N, nicht-M) – *in verschiedenen möglichen Welten* jeweils vorkommen können: Wieso sind dann diese Tatsachen nicht innerhalb *einer einzigen* möglichen Welt kombinierbar? Ein Naturalist kann die Unmöglichkeit der Kombination (N, nicht-M) nur erklären, wenn er $I_2$ ablehnt und behauptet, dass N *in allen möglichen* Welten mit M einhergehen *muss*, was bedeutet, dass wir also $I_2$ aufgeben und die Ableitbarkeit des Moralischen aus dem Nichtmoralischen akzeptieren müssen.

Die Intuitionen $I_1$ und $I_2$ können jedoch beide aufrechterhalten werden, wenn wir die Idee aufgeben, dass es objektive Eigenschaften N und M gibt, aus deren »Wesen« das Verbot gemischter Welten folgt. Vielmehr sollten wir das Verbot gemischter Welten nicht als *objektives Phänomen*, sondern als *Konsistenzanforderung an unsere moralischen Haltungen* beschreiben: Wir müssen eben (aus moralischen Gründen!) Situationen, die in nicht-moralischer Hinsicht gleich sind, auch moralisch gleich beurteilen.

### Blackburns Lösung des Frege-Geach-Problems

Nach dieser Plausibilisierung des Nonkognitivismus stellt Blackburn ein Argument vor, das zeigen soll, dass seine Theorie moralische Begriffe auch dann im nonkognitivistischen Sinn verstehen kann, wenn sie in komplexere Strukturen eingebettet sind.

Die einfachste Form, einen moralischen Begriff in eine komplexere Struktur einzubetten, ist die Verknüpfung einer gewöhnlichen moralischen Aussage mit einer nichtmoralischen Aussage mit »und«:

> »Du sollst nicht lügen, und wenn du es dennoch machst, wird deine Mutter böse.«

Diese Aussage kombiniert eine moralische und eine nichtmoralische Proposition. Schon dieses einfache Phänomen ist auf der Basis einer emotivistischen Theorie schwer zu verstehen, weil nach einer solchen Theorie eine moralische Aussage und eine Behauptung zwei ganz unterschiedliche Funktionen haben, die nicht wirklich zu einer einzigen Aussage kombiniert werden können.

Daher muss Blackburn zunächst ein anderes Verständnis moralischer Urteile entwickeln. Dazu führt er den Begriff der »Festlegung« (»Commitment«) ein. Sowohl *Behauptungen*, wie sie durch nicht-moralische Aussagesätze vorgenommen werden (»Die Katze liegt auf der Matratze«), als auch der *Ausdruck moralischer Haltungen* (»X ist falsch«), sind Festlegungen – einmal auf eine *Überzeugung*, das andere Mal *auf eine Haltung*. Tatsachen-Urteile und moralische Urteile werden also als zwei Unterarten von Festlegungen verstanden, die durch die entsprechenden Sätze ausgedrückt werden. Semantisch gesehen funktionieren moralische und nicht-moralische Urteile also gleich – sie drücken Festlegungen aus –, der einzige Unterschied besteht darin, *welche* Festlegungen sie ausdrücken.

Auf dieser Basis können wir Sätze wie den obigen als *Kombination zweier Festlegungen* verstehen. Das kombinierte Urteil ist *eine Festlegung*, die aus zwei Teilfestlegungen besteht. Da einer dieser beiden Teile (der moralische Teil) jedoch keine Festlegung auf eine Überzeugung über die Wahrheit einer Beschreibung ist, ist auch die Gesamtfestlegung keine Festlegung auf eine Überzeugung, die Wahrheitsbedingungen hat. Daher hat auch solch ein kombiniertes Urteil keine Wahrheitsbedingungen. Wir können aber allgemeiner von der *Akzeptabilität* der Festlegung sprechen, die durch das Urteil ausgedrückt wird. Die Gesamtfestlegung ist dann akzeptabel, wenn beide Teilfestlegungen akzeptabel sind – und (nur) für den nicht-moralischen der beiden Teile kann gesagt werden, dass wir ihn akzeptieren, wenn wir die entsprechende Überzeugung für wahr halten.

Damit hat Blackburn gezeigt, dass wir auch komplexere

Aussagen mit moralischen Begriffen so analysieren können, dass wir in ihnen die moralischen Begriffe im nonkognitivistischen Sinn verstehen. Dieser Schritt hilft jedoch im Hinblick auf das zentrale Frege-Geach-Problem des »moralischen *Modus Ponens*« (vgl. hier Abschnitt: »Verschiedene Bedeutungen moralischer Ausdrücke und moralische Schlussfolgerungen«, S. 74–76) noch nicht weiter, also dann nicht, wenn es um logische Schlüsse geht, in denen moralische und nicht-moralische Aussagen durch das Verhältnis der *Implikation* verbunden sind. Ein solcher Schluss scheint die Wahrheitsfähigkeit auch moralischer Urteile immer noch vorauszusetzen.

Betrachten wir noch einmal die für solche Argumente zentrale *konditionale* Aussage:

(II) »Wenn es moralisch falsch ist, zu lügen, dann ist es auch moralisch falsch, seinen kleinen Bruder dazu zu bringen, zu lügen.«

Blackburn argumentiert in einem ersten Schritt, dass wir mit moralischen Aussagen nicht nur Handlungen oder Situationen, sondern auch die *moralischen Sensibilitäten* anderer moralisch beurteilen können. Eine moralische Sensibilität ist dabei so etwas wie eine Funktion, die als »Eingabe« die Wahrnehmung bestimmter Situationen oder Sachverhalte und als »Ausgabe« moralische Urteile hat. Falls die moralische Sensibilität einer Person etwa die Eingabe »Ein Mensch wird gefoltert« mit der Ausgabe »Dies ist moralisch empörend« kombiniert, wird sie unsere Zustimmung finden. Falls sie die gleiche Eingabe mit der Ausgabe »Es gibt hier kein moralisches Problem« kombiniert, wird uns dies als Grund dazu dienen, diese Person moralisch zu verurteilen. Wir können also auch von *Meta-Einstellungen* (Einstellungen hinsichtlich der Sensibilitäten anderer Personen) sprechen.

Zweitens soll zur Vereinfachung der Darstellung eine bestimmte Schreibweise für expressivistisch verstandene moralische Aussagen gewählt werden, die den kognitivistischen Oberflächen-Schein normaler »X ist moralisch gut«-Aussagesätze vermeidet. Blackburn wählt hierzu die Operatoren »H!« (für Hurra!) und »B!« (für Buh!). »X ist moralisch gut (oder richtig)« ist also als gleichbedeutend mit »H!(X)« zu betrachten.

Nun können wir die oben genannte Behauptung (II) so verstehen, dass jemand, der diese Behauptung akzeptiert, damit eine Meta-Einstellung ausdrückt: Jeder, der Lügen ablehnt, *sollte* es auch ablehnen, seinen kleinen Bruder zum Lügen zu bringen. Anders gesagt: Es wird *eine moralische Sensibilität befürwortet*, die eine *Verurteilung* des Lügens mit einer *Verurteilung* des Den-Kleinen-Bruder-Zum-Lügen-Bringens *kombiniert.*

Führen wir als Konvention zudem noch ein, dass wir »|H!(X)|« verwenden, um eine Sensibilität zu charakterisieren, die X befürwortet, so können wir den gesamten *Modus Ponens* folgendermaßen formalisieren:

(I) B!(Lügen)
(II) H! (|B!(Lügen)|; |B!(Kleinen Bruder zum Lügen bringen)|)

---

(III) B!(Kleinen Bruder zum Lügen bringen)

Die Prämisse (II) wird also als Ausdruck einer *Meta-Einstellung* zu einer Kombination von Festlegungen verstanden. Wenn wir I und II akzeptieren, also sowohl eine negative Haltung gegenüber dem Lügen als auch eine positive Haltung gegenüber einer Sensibilität einnehmen, die eine Ablehnung des Lügens mit einer Ablehnung des Den-Kleinen-Bruder-Zum-Lügen-Bringens verknüpft, dann müssen wir, so Blackburn, es auch ablehnen, den kleinen Bruder zum Lügen zu bringen. Andernfalls würden wir eine Kombination von Haltungen positiv beurteilen, ohne sie selbst zu haben.

Blackburn argumentiert, dass jeder, der (I) und (II), aber nicht (III) akzeptiert, eine »fragmentierte Sensibilität« hat, die selbst wiederum nicht positiv beurteilt werden *kann*. Dies ist jedoch nicht deshalb so, weil sie den »moralischen Tatsachen« nicht entspricht, sondern weil solch eine fragmentierte Sensibilität aufgrund ihrer inkonsistenten Haltungen nicht ihre *Funktion* erfüllen kann, die Handlungen ihres »Besitzers« zu leiten. In diesem Sinne ist der Schluss für uns akzeptabel, und wir sollten uns auf ihn festlegen.

## Der Aufstieg zur Wahrheit

Der Kognitivist wird mit dieser Antwort nicht zufrieden sein – wir denken doch, dass dieser Schluss nur dann funktioniert, wenn die Aussagen, die wir miteinander verknüpfen, auch *wahr* sind. Was aber heißt wahr? Dieser Intuition kann aber mit dem Gedanken der Akzeptanz einer Festlegung entgegengekommen werden, den Blackburn ja bereits eingeführt hat. Wir könnten etwa sagen, dass die offensichtlich verständliche Behauptung »Es ist wahr, dass Mord falsch ist« hauptsächlich den Zweck hat, sich auf »Mord ist falsch« festzulegen. Die Zuschreibung des Prädikats »wahr« an »Mord ist falsch« wäre dann also *nichts anderes* als die *gleiche* Festlegung, die durch »Mord ist falsch« selbst ausgedrückt werden kann. Verstehen wir »Wahrheit« so *deflationär* (wozu allerdings noch einige andere Probleme zu lösen sind, etwa die Analyse von Sätzen wie »Alles, was X denkt, ist wahr«), so können wir Sätze wie »Es ist wahr, dass Mord falsch ist« auch ohne Wahrheitsbedingungen verstehen: Sie sind eben Ausdruck unserer Ablehnung von Mord.

Um zu beurteilen, ob diese Lösung funktioniert, müssen wir uns genauer überlegen, was es heißt, dass wir uns auf eine moralische Haltung *festlegen*. Denn damit wir uns den Begriff der Wahrheit »verdienen« können, muss eine solche Festlegung bestimmte Bedingungen erfüllen – zum Beispiel impliziert die Rede von der Wahrheit, dass von mehreren inkonsistenten Alternativen immer nur eine wahr sein kann.

Um einen geeigneten Begriff der Festlegung zu erhalten, müssen wir daher über *Mengen von Haltungen* nachdenken: Wir können jede Kombination moralischer Haltungen, seien es unsere eigenen oder die Haltungen anderer, beurteilen und ihnen gegenüber eine bewertende Einstellung einnehmen. Beurteilen wir die Kombination von Haltungen einer Person so, dass es eine andere Kombination gäbe, die aus ihrer Haltungskombination durch eine Veränderung entstehen könnte und die wir stärker befürworten würden, so beurteilen wir ihre ursprüngliche Kombination als *verbesserbar*. Unter der Voraussetzung, dass wir den Begriff der Verbesserung so verstehen, können wir relativ einfach einen plausiblen Begriff der *Wahrheit* von Festlegungen einführen:

> **(Wahrheit von Festlegungen):** Die Festlegung auf eine moralische Haltung H ist genau dann wahr, wenn H Element einer Menge M* von moralischen Haltungen ist, die nicht weiter verbessert werden kann.

Dieser Begriff der Wahrheit für moralische Festlegungen stellt aber nur dann ein funktionales Äquivalent für die Rede von der Wahrheit von Festlegungen auf Überzeugungen dar, wenn »Wahrheit« in beiden Kontexten *gleich funktioniert*, das heißt, wenn jeder Festlegung genau einer der beiden Werte (wahr oder falsch) zugeordnet werden kann und wenn der Wahrheitswert einer Festlegung ein Grund dafür ist, diese Festlegung zu akzeptieren.

Das zweite Kriterium ist leicht zu erfüllen: Urteilen wir, dass H ein Mitglied von M* ist, haben wir auch einen Grund, uns auf H festzulegen, falls wir konsistent sein wollen. Das erste Kriterium ist hingegen schwerer zu erfüllen: Wir müssen nachweisen, dass kein moralisches Urteil zugleich wahr und falsch sein kann. Dies ist jedoch nur dann garantiert, wenn wir annehmen, dass es nur *eine einzige* bestmögliche Menge moralischer Haltungen M* gibt und nicht mehrere, unterschiedliche solcher Mengen.

Blackburn muss daher nachweisen, dass die Idee nicht konsistent ist, dass es zwei Mengen moralischer Haltungen geben könnte, die *beide* nicht weiter verbessert werden können. Das entsprechende Argument (das ich hier stark abweichend von Blackburns Darstellung rekonstruiere) beginnt damit, die Annahme zu akzeptieren, dass es zwei inkompatible optimale Haltungsmengen ($M^*_0$ und $M^*_1$) gibt. Davon ausgehend versucht er zu zeigen, dass aus dieser Annahme widersprüchliche Konsequenzen folgen, dass sie also inkonsistent ist.

Die Prämisse dieser *reductio ad absurdum* ist also die Annahme zweier nicht-verbesserbarer Mengen von Haltungen, die inkompatible moralische Urteile erlauben:

(1) $M^*_0 \rightarrow$ Handlung X ist moralisch besser als Y.
(2) $M^*_1 \rightarrow$ Handlung Y ist moralisch besser als X.
(3) Weder $M^*_0$ noch $M^*_1$ können verbessert werden.

Das Urteil (3) ist selbst ein moralisches oder zumindest normatives Urteil, weil es ein Urteil darüber ist, was getan werden sollte bzw. nicht getan werden muss. Da wir annehmen, dass dieses Urteil wahr ist (also Teil der bestmöglichen Menge von Haltungen), muss (3) sowohl ein Teil von $M^*_0$ als auch von $M^*_1$ sein, denn wenn diese beiden Mengen die durch (3) ausgedrückte Haltung nicht beinhalten würden, dann könnten sie durch die Aufnahme dieser Haltung verbessert werden. Aber wenn (3) in beiden Mengen enthalten ist, dann muss jemand, der eine der Haltungsmengen akzeptiert, wenn er konsistent ist, anerkennen, dass X *nicht ohne weiteres besser* als Y ist, da er – aufgrund von (3) – anerkennen muss, dass auch die andere Haltungsmenge keinen »Fehler« darstellt. Wenn aber etwa ein Vertreter von $M^*_0$ anerkennt, dass *auch* das Urteil »Y ist besser als X« legitim ist, dann kann er nicht mehr konsistenterweise behaupten, dass X *absolut gesehen* besser ist als Y, sondern muss zugestehen, dass – ausgehend von einer anderen, nicht-verbesserbaren Haltungsmenge – auch das entgegengesetzte Urteil legitim sein kann. Aber damit hat sich seine Haltung gegenüber X und Y geändert: Wenn er anerkennt, dass Personen gerechtfertigt sein können, die Haltung zu haben, dass Y besser ist als X (und umgekehrt), dann muss er auch konsistenterweise anerkennen, dass es für eine solche Person *moralisch erlaubt* ist, Y statt X zu tun – sonst wäre sie zwar zu einem moralischen Urteil, aber nicht dazu berechtigt, nach ihrem moralischen Urteil zu handeln.

Sobald er jedoch diese Schlussfolgerung akzeptiert, ist seine ursprüngliche Haltung (1), dass X immer moralisch besser als Y ist, als falsch qualifiziert.

(4) $M^*_0 \rightarrow$ Handlung X ist *nicht immer* moralisch besser als Y.
(5) Widerspruch zwischen (1) und (4).

Er muss jetzt die Haltung haben, dass *je nach Standpunkt* X oder Y besser ist – und das heißt, er muss akzeptieren, dass beide Urteile nicht uneingeschränkt richtig sind, also beide Mengen verbessert werden können und mehr Diskussion nötig ist. Damit hat er jedoch *de facto* eine neue Menge von Haltungen $M^*_2$ akzeptiert, die *besser* (nämlich konsistenter) ist als $M^*_0$ und $M^*_1$, weil sie nicht mehr die problematischen moralischen Urteile enthält. Diese neue Menge stellt zudem auch von der Perspektive desjenigen, der ursprünglich $M^*_1$ akzeptiert hatte, einen Fortschritt dar. Es gibt also aus der Perspektive beider Vertreter *doch* eine bessere Menge von Haltungen, und die ursprüngliche Annahme ist als falsch erwiesen. Das heißt, dass unsere Haltungen zu Festlegungen von Idealen reguliert werden können, die dem

Ideal der Wahrheit von Überzeugungen strukturell so sehr ähneln, dass wir den Wahrheitsbegriff in seiner deflationären Form ohne schlechtes Gewissen auch zur Charakterisierung unserer moralischen Festlegungen verwenden dürfen.

Mit dem gleichen Argument will Blackburn auch die Behauptung widerlegen, dass der Nonkognitivismus zwangsläufig in eine Form des Relativismus führt: Vorausgesetzt, dass es nur eine optimale Menge bester Haltungen gibt, *kann* diese Menge zwar möglicherweise die Meta-Haltung beinhalten, dass manche Haltungen je nach Ausgangslage richtig oder falsch sind, die beste Menge *muss* diese Haltung jedoch nicht enthalten. Ob der Relativismus stimmt, ist also eine Frage der normativen Ethik, nämlich die Frage, ob wir *moralische* Gründe dafür haben, anderen Personen abweichende moralische Haltungen zuzugestehen.

Diese Argumente sollen zeigen, dass wir gerechtfertigt darin sind, über moralische Fragen in Termini von Wahrheit und Falschheit zu sprechen, und dass es sinnvoll ist, unsere moralische Praxis so zu organisieren – ohne damit auf die kognitivistische Idee festgelegt zu sein, dass die Bedeutung moralischer Sätze durch ihre Wahrheitsbedingungen determiniert wird. Es ist also auch nicht falsch, das entsprechende Vokabular der Wahrheit zu verwenden. Wir können alle Vorteile des Kognitivismus haben, ohne anzunehmen, dass moralisches Vokabular eine Realität irgendeiner Art *beschreibt*.

## Die Unterscheidung zwischen moralischen und logischen Fehlern

Hinsichtlich des Frege-Geach-Problems behauptet Blackburn, wie bereits erwähnt, dass wir die Konjunktion der Behauptungen »X ist schlecht« und »Wenn X schlecht ist, dann ist auch Y schlecht« als eine Konjunktion zweier *Haltungen* beziehungsweise *Festlegungen* verstehen sollten.

Gegen diese Analyse kann zweierlei vorgebracht werden: Erstens ist unklar, wieso eine Person inkonsistent ist, die nicht alle Haltungen hat, die sie befürwortet. Dieser Einwand beruht auf einem offensichtlichen Fehler Blackburns: Er müsste das Konditional nicht als Befürwortung einer Haltungskombination, sondern als Ablehnung einer Haltung analysieren, die die Akzeptanz der ersten Prämisse mit der Ablehnung der Konklusion kombiniert (in Blackburns Notation also B!(|B!(X)|, |H!(Y)|)). Dann würde eine Person, die die Konklusion ablehnt, nicht den Fehler begehen, eine Haltung nicht zu haben, die sie befürwortet, sondern den Fehler, eine Haltung zu haben, die sie ablehnt – und dies ist wirklich ein Fehler.

Zweitens würden wir normalerweise sagen, dass eine Person, die die Konklusion eines *Modus Ponens* ablehnt, einen *logischen* Fehler begeht. Eine Person, die nach Blackburns Analyse die Konklusion eines moralischen *Modus Ponens* ablehnt, hat aber »nur« eine inkonsistente *moralische* Haltung – und das ist nach Blackburns Ansicht wiederum selbst ein moralischer, kein logischer Fehler.

Dass der beschriebene Fehler kein logischer Fehler sein soll, ist aber auf den ersten Blick sehr unplausibel: Eine Person, die es versäumt, aus den Prämissen des moralischen

*Modus Ponens* die richtige Konsequenz zu ziehen, hat nicht ein primär moralisches Problem. Wir nehmen vielleicht eher an, dass sie die logischen Beziehungen nicht sehen kann.

Bei genauerem Hinsehen ist jedoch nicht ganz klar, wie weit dieser Einwand trägt. Alexander Miller (2003) argumentiert nicht ohne Erfolg, dass wir bei einer Person, die in allen nicht-moralischen Fällen die Logik solcher Argumente beherrscht und sie *nur* in den moralischen Fällen nicht sieht, durchaus von einem spezifisch moralischen Problem sprechen können. In den Fällen, in denen jemand es konsequent sowohl in moralischen als auch nicht-moralischen Kontexten versäumt, die entsprechenden Schlussfolgerungen zu ziehen, würden wir hingegen annehmen, dass die Person ein generelles Problem mit der Konsistenz ihres Denkens hat und daher primär ein logisches Defizit aufweist. Dennoch bleibt der Einwand bestehen, dass sich nach dem Modell Blackburns moralische und nicht-moralische Schlussfolgerungen kategorial voneinander unterscheiden. Wenn das wahr wäre, dann müssten wir annehmen, dass auch ästhetische, sittliche und ähnliche Argumente jeweils eine eigene Logik besitzen, obwohl alle diese Argumente scheinbar gleich aufgebaut sind.

## Die revidierte Antwort auf das Frege-Geach-Problem

Blackburn hat als Reaktion auf diesen Einwand seine Lösung des Frege-Geach-Problems in späteren Schriften (vor allem in seinem Buch *Ruling Passions*) revidiert und verallgemeinert: Anstatt ein besonderes Argument für den moralischen Fall vorzubringen, entwickelt er hier eine Lösung, die den Begriff der *Festlegung* in den Mittelpunkt stellt.

Der moralische *Modus Ponens* muss nach dieser Lösung so verstanden werden, dass wir mit jeder Behauptung eine Festlegung dahingehend treffen, welche Kombinationen von Festlegungen wir für akzeptabel halten. Urteilen wir: »Wenn X moralisch falsch ist, dann ist auch Y moralisch falsch«, so legen wir uns darauf fest, dass für uns nur diejenigen Kombinationen von Festlegungen akzeptabel sind, die *entweder* »X ist nicht moralisch falsch« *oder* »Y ist moralisch falsch« enthalten. Kombinieren wir dies wiederum mit der Festlegung »X ist moralisch falsch«, so entfällt die erste Option, und wir haben uns damit bereits darauf festgelegt, dass Y moralisch falsch ist.

Zur Erläuterung dieser Idee verwendet Blackburn das Bild eines Baumes: Jede Festlegung ist eine Abzweigung eines Astes, die determiniert, welche anderen Festlegungen uns noch zur Verfügung stehen. Ignorieren wir die Einschränkungen, die aus unseren bestehenden Festlegungen folgen, und nehmen wir Festlegungen vor, die uns nicht zur Verfügung stehen, weil wir schon »auf einem anderen Ast sind«, sind wir kognitiv irrational.

Diese neue Konzeption löst das Frege-Geach-Problem auf eine neue Weise, die nicht mehr dem ursprünglichen Einwand einer Asymmetrie zwischen moralischen und nicht-moralischen Argumenten ausgesetzt ist: Konditionale Sätze und ähnliche Instrumente dienen *allgemein* – sowohl im moralischen als auch im nicht-moralischen Fall – dazu, Festlegungen bezüglich der möglichen Kombinationen von Urteilen zu treffen, die zu treffen man sich für befugt hält. Es geht also immer um Kombinationen von Festlegungen – unabhängig davon, ob diese Festlegungen nun Festlegungen darauf sind, dass bestimmte Wahrheitsbedingungen gegeben sind.

## Identifikation der moralischen Haltung

Ein weiterer Einwand gegen Blackburns Theorie besteht darin, dass sie unvollständig ist, solange er nicht klar analysieren kann, *welche* Haltung durch moralische Urteile ausgedrückt wird. Blackburn legt zwei Vorschläge vor, die nicht nur untereinander inkompatibel sind, sondern auch nicht ausreichen, die durch moralische Urteile ausgedrückte Haltung zu identifizieren beziehungsweise sie ausreichend von nicht-moralischen Haltungen abzugrenzen. Es handelt sich um die folgenden beiden Vorschläge:

(1) *Moralische* Befürwortung ist eine (allgemeine) Haltung der Befürwortung, kombiniert mit der Befürwortung der Tatsache, dass andere Personen ebenfalls diese Haltung aufweisen – also: $H!_M(x)$ = df $H!(x)$ und H!(andere Personen $|H!(x)|$) (Vgl. Blackburn 1998: 9.)

(2) Moralische Befürwortung ist eine (allgemeine) Haltung der Befürwortung kombiniert mit der Befürwortung der Stabilität dieser Haltung – also: $H!_M(x)$ = df $H!(x)$ und H!(Stabilität $|H!(x)|$) (Vgl. Blackburn 1998: 67.)

Alexander Miller fügt diesen Alternativen noch einen dritten Vorschlag hinzu:

(3) Moralische Befürwortung ist eine Haltung der Befürwortung kombiniert mit einer Befürwortung dieser Haltung selbst – also: $H!_M(x) = df\ H!(x)$ und $H!(|H!(x)|)$ (Vgl. Miller 2003: 91.)

Diese drei Vorschläge drücken jeweils die Intuitionen aus, dass sich befürwortende moralische Haltungen von positiven Geschmacksurteilen, ästhetischen Urteilen und ähnlichen Haltungen dadurch unterscheiden, dass wir sie universell von anderen einfordern, dass wir es im Normalfall für einen Fehler halten, sie ohne Gründe zu revidieren, und dass wir sie selbst für moralisch geboten halten. Doch diese Vorschläge (und auch Kombinationen von ihnen) können nicht überzeugen. Erstens besteht ein Problem der *Zirkularität*: Wir fordern von anderen nicht, dass sie *irgendeine* positive Haltung gegenüber dem moralisch Guten haben, sondern dass sie eine *moralische* Haltung einnehmen. Wir haben nicht Interesse an der Stabilität unserer Urteile im allgemeinen, sondern an ihrer Stabilität als *moralische* Urteile, und so weiter. Zweitens kann gegen jede dieser Bestimmungen das »Open Question Argument« in Stellung gebracht werden: Selbst dann, wenn eine dieser Bestimmungen moralische Haltungen zuverlässig von anderen abgrenzen könnte, bleibt unklar, ob sie als eine *Definition* der positiven moralischen Haltung gelesen werden kann. Blackburn kann also, wie schon sein Schwanken zwischen diesen Alternativen zeigt, nicht klar angeben, welche Art von Haltung durch moralische Urteile ausgedrückt wird.

Ein letztes Problem betrifft einen allgemeinen Einwand gegen expressivistische Lösungen: Wenn moralische Urteile Haltungen ausdrücken, so das Argument, dann ist die Geltung einer moralischen Aussage nicht unabhängig von den Haltungen desjenigen, der sie trifft. Moralische Aussagen wären also von psychischen Tatsachen abhängig.

Selbst wenn wir Blackburn zugestehen, dass ein Nonkognitivist eine Aussage wie

(1) Es ist falsch, zu lügen.

treffen kann, müsste er nicht auch folgender Aussage zustimmen?

(2) Würde ich das Lügen nicht ablehnen, dann wäre es nicht falsch, zu lügen.

Diese Aussage widerspricht jedoch stark unserer Intuition der moralischen Objektivität. Darüber hinaus scheint sie dem Relativismus Tür und Tor zu öffnen, da daraus zu folgen scheint, dass verschiedene Personen zu widersprüchlichen moralischen Urteilen berechtigt sind.

Blackburn kann dieses Argument relativ erfolgreich zurückweisen. Zunächst kann er ohne weiteres den Relativismus ablehnen. Denn zu sagen, dass eine andere Person dazu berechtigt ist, ein Urteil zu fällen (wie »Lügen ist richtig«), heißt nichts anderes, als dieses Urteil *selbst* als berechtigt anzuerkennen. Dazu sind wir jedoch keineswegs verpflichtet, selbst dann nicht, wenn wir anerkennen, dass die andere Person andere Haltungen hat. Denn diese Haltungen müssen *unsere* Zustimmung nicht finden. Dagegen könnte eingewandt werden, dass wir auch in einem solchen Fall anerkennen müssen, dass diese Person – gegeben ihre Haltungen – keinen Fehler macht, indem sie das »falsche« Urteil fällt. Dies kann Blackburn akzeptieren: Natürlich macht eine Person, die eine falsche Haltung hat, nicht noch einmal einen *zusätzlichen* Fehler, wenn sie die entsprechenden Urteile fällt. Vielmehr zeigt die Tatsache, dass sie aufgrund ihrer Haltungen nicht einsehen kann, dass ihre Urteile falsch sind, dass sie *unmoralische* Haltungen hat und ein schlechter Mensch ist. Die Tatsache, dass es Massenmörder gibt, die nicht aus Konsistenzgründen verpflichtet sind, einzusehen, dass ihre Taten schlecht sind, sollte uns aber nicht dazu bringen, an der Geltung unserer moralischen Urteile zweifeln zu lassen. Vielmehr weist der Umstand, dass diese Menschen konsistenterweise moralisch falsche Urteile fällen können, darauf hin, dass ihre Haltungen und ihre moralische Sensibilität selbst schlecht sind. Ein Nonkognitivist muss also nicht Relativist sein.

Die gleiche Strategie kann auch gegen das ursprüngliche Argument eingesetzt werden. Das relativistische Urteil

(2) Würde ich das Lügen nicht ablehnen, dann wäre es nicht falsch, zu lügen.

ist nach Blackburns Analyse moralischer Konditionale (vgl. hier Abschnitt: »Blackburns Lösung des Frege-Geach-Problems«, S. 80–84) *selbst* als moralisches Urteil zu begreifen, also als Festlegung darauf, dass man Lügen auch dann (moralisch gesehen) nicht ablehnen müsste, wenn man es faktisch nicht ablehnen würde. Aber diese moralische Haltung ist keine Haltung, die die meisten Personen, die (1) akzeptieren, konsistent einnehmen können. Die meisten Personen, die (1) akzeptieren, legen sich nämlich damit darauf fest, dass Lügen *immer und überall* ablehnenswert ist. Die Akzeptanz dieser Haltung impliziert jedoch, (2) für falsch zu halten. Dabei handelt es sich um ein moralisches Urteil: Wir verurteilen auch die Lüge, die unser imaginäres Selbst ausführen würde, falls es eine andere moralische Haltung hätte, die Lügen erlaubt. Die Idee, dass die Wahrheit moralischer Urteile von unseren subjektiven Haltungen abhängig ist, ist also der Ausdruck einer moralischen Haltung erster Ebene, die die meisten Personen faktisch ablehnen.

## Gibbards Norm-Expressivismus

Der zweite bekannte Vertreter des modernen Nonkognitivismus ist Alan Gibbard, dessen Argumentation auf Blackburns ursprünglicher Theorie aufbaut, sie jedoch entscheidend erweitert. Aus diesem Grund sollen nur diejenigen Aspekte dargestellt werden, in denen er entscheidend von Blackburn abweicht. Dies betrifft erstens die Analyse der moralischen Haltung, die bei Blackburn unterentwickelt geblieben ist, und zweitens die Lösung für das Frege-Geach-Problem, hinsichtlich derer bei Blackburn unklar war, inwieweit er moralische und nicht-moralische Schlussfolgerungen asymmetrisch behandeln muss.

### Gibbards Analyse moralischer Haltungen

Gibbards Analyse moralischer Haltungen ist wesentlich komplexer als Blackburns Modell: Zunächst nimmt Gibbard an, dass moralische Urteile Urteile über die *Rationalität bestimmter Emotionen* sind.

> »Eine Handlung ist genau dann moralisch falsch, wenn es für die handelnde Person (*prima facie*) rational ist, sich für diese Handlung schuldig zu fühlen, und wenn es für andere Personen (*prima facie*) rational ist, über die Handlung empört zu sein« (Gibbard 1990: 42, Übers. T. S.).

Moralische Urteile drücken also nicht direkt moralische *Gefühle* aus, sondern sie drücken eine bestimmte *Haltung gegenüber moralischen Gefühlen im Kontext einer Handlung oder Situation* aus: Eine Handlung ist immer dann unmoralisch, wenn wir *berechtigt* sind, bestimmte (moralische) Gefühle zu haben, jedoch nicht bereits dann, wenn wir diese Gefühle *de facto* haben. Die *prima-facie*-Einschränkung muss deswegen gemacht werden, weil natürlich manchmal Handlungen falsch sind, aber es dennoch nicht rational ist, empört zu sein. Dies ist etwa dann der Fall, wenn die handelnde Person nicht für ihr Handeln verantwortlich ist, wenn sie unter Zwang oder in Unwissenheit handelt, usw. Wir können aber dennoch die moralische Richtigkeit mit der Rationalität von Gefühlen verbinden, wenn wir dies so verstehen, dass eine Handlung dann falsch ist, wenn Empörung in dem Fall gerechtfertigt wäre, in dem keine Gründe vorliegen, die dazu führen, dass die handelnde Person nicht für ihr Handeln verantwortlich ist.

Es handelt sich hier (noch) nicht um eine nonkognitivistische Analyse moralischer Urteile, weil moralische Urteile als gleichbedeutend mit *Rationalitäts-Urteilen* verstanden werden. Der Begriff »Rationalität« ist dabei nach Gibbard nicht in einem zu starken »rationalistischen« Sinn zu verstehen, sondern vielmehr so, dass er nur in einem schwachen Sinne die Eigenschaft bezeichnet, dass etwas *sinnvoll* ist oder getan werden sollte. Anders als die emotivistischen Ansätze bzw. anders als Blackburn kann Gibbard durch diese Konzeption beide Teile der internalistischen Intuition integrieren: Nach seiner Analyse ist es sowohl *a priori* wahr, dass rationale Personen im Normalfall durch moralische Urteile motiviert sind (durch die Verbindung zu den moralischen Gefühlen), als auch, dass moralische Urteile ihnen im Normalfall (durch die Verbindung zur Rationalität) Handlungsgründe an die Hand geben.

Die Analyse moralischer Urteile in Termini der Rationalität moralischer Emotionen ist schließlich deshalb nonkognitivistisch, weil Gibbard solche Rationalitäts-Urteile selbst expressivistisch analysiert:

> »Etwas rational zu nennen, heißt der Akzeptanz von Normen Ausdruck zu verleihen, die es [also das, was rational genannt wird] erlauben« (Gibbard 1990: 7, Übers. T.S.).

»Normen« sind dabei als allgemeine Regeln zu verstehen, die natürlich nicht in sprachlicher Form explizit gemacht werden müssen. Es scheint jetzt aber so, als habe Gibbard das Problem nur verschoben: Wir wissen immer noch nicht, um was für eine Art von Haltung es sich bei der »Akzeptanz von Normen« handelt. Gibbard meint jedoch, diese Frage mit Bezug auf psychologische Einsichten beantworten zu können: Er stellt eine komplexe Geschichte über die evolutionäre Rolle von Normen vor, die letztlich zur Annahme führt, dass in der menschlichen Psyche ein funktionaler Komplex der Verhaltenssteuerung identifiziert werden kann, der zur sozialen Koordination von Handlungen, Haltungen und Gefühlen dient. Um jedoch die Akzeptanz von Normen von ihrer bloßen, mechanischen Internalisierung zu unterscheiden, untersucht Gibbard zusätzlich die Rolle normativer Diskurse, in denen unsere spontanen Haltungen Konsistenzanforderungen unterworfen werden. »Akzeptanz von Normen« ist also ein psychischer Zustand, der einerseits eine Tendenz zur Verhaltenssteuerung und zur diskursiven Akzeptanz von Normen in Kontexten beinhaltet, in denen kein Grund zur Verstellung besteht, der andererseits jedoch sensitiv gegenüber diskursiven Konsistenzanforderungen ist. Diese grobe Charakterisierung, so Gibbard, ist ausreichend, um »Akzeptanz von Normen« von anderen Zuständen zu unterscheiden.

Die Haltung der Akzeptanz spezifisch *moralischer* Normen wird schließlich dadurch individuiert, dass sie nur solche Normen betrifft, die die Legitimität moralischer Gefühle regeln. Auch wenn nicht ganz klar ist, ob wir »moralische Gefühle« unabhängig von moralischen Urteilen identifizieren können, so gibt es doch keine unmittelbare Zirkularität in Gibbards Modell (da er durchaus annimmt, dass moralische Gefühle auch manchmal, illegitimerweise, in Widerspruch zu den entsprechenden Urteilen auftreten), und es gibt Theorien, die zumindest behaupten, eine unabhängige Identifikation leisten zu können (vgl. jedoch hier Abschnitt: »Moral als zweite Natur – John McDowell«, S. 196–207). Gibbard hat also für dieses Problem eine wesentlich plausiblere Lösung als Blackburn.

### Gibbards Lösung des Frege-Geach-Problems

Wie schon Blackburns Lösung ist auch Gibbards Antwort auf das Frege-Geach-Problem relativ komplex. Daher müssen zunächst einige formale Elemente eingeführt werden. Jede Person hat eine bestimmte *Menge von Überzeugungen* und akzeptiert eine bestimmte *Menge von Normen*. Natürlich hat kaum eine Person zu jeder möglichen Frage eine Überzeugung und zu jeder möglichen Handlungsoption eine moralische Haltung. Wir können uns jedoch im Prinzip ein *vollständiges System* von Normen vorstellen, das jeder möglichen Handlung in jeder möglichen Situation einen der drei Status »geboten«, »erlaubt« oder »verboten« zuordnet. Relativ zu jedem vollständigen System N können wir sagen, dass eine Handlung N-verboten, N-erlaubt oder N-geboten ist. Wir können auch den Begriff einer »vollständigen faktisch-normativen Welt« ⟨w, n⟩ entwerfen, die eine Kombination einer *vollständigen Menge deskriptiver Urteile w* und *eines vollständigen Systems normativer Urteile n* ist. Da real existierende Personen jedoch nur *unvollständige* Mengen solcher Urteile und Überzeugungen zur Verfügung haben, kann das System der *fak-*

*tisch* akzeptierten Urteile jeder Person auf viele verschiedene Weisen *komplettiert* werden. Es gibt also eine bestimmte *Menge* vollständiger faktisch-normativer Welten, die eine *Vervollständigung meiner* akzeptierten, unvollständigen faktisch-normativen Welt darstellen. Mein Urteilssystem ist also als *Menge der möglichen Komplettierungen* beschreibbar, die es zulässt.

Die faktisch akzeptierten deskriptiven wie normativen Urteile jeder Person schließen aber zugleich immer auch eine große Zahl *möglicher* vollständiger faktisch-normativer Welten aus. Auch für jedes weitere Urteil, das eine Person *zusätzlich* akzeptiert, gilt, dass es die Menge der möglichen Vervollständigungen *kleiner* macht. Wir können sogar sagen, so Gibbard, dass die *Bedeutung* eines Urteils durch die Menge der Welten festgelegt wird, die dieses Urteil aus dem Set der möglichen Vervollständigungen ausschließt. Das Urteil »Die Katze liegt auf der Matratze« schließt beispielsweise alle Welten aus, in denen die »w«-Komponente mit diesem inkompatible deskriptive Urteile enthält, und das Urteil »Lügen ist falsch« schließt alle Welten aus, in denen die »n«-Komponente Lügen den Status »geboten« oder »erlaubt« zuordnet. Das Urteil »Wenn es falsch ist, zu lügen, dann ist es auch falsch, den kleinen Bruder zum Lügen zu bringen« schließt alle Welten aus, in denen »n« der Handlung »Lügen« den Status »verboten« zuordnet, aber der Handlung »Kleinen Bruder zum Lügen bringen« einen anderen Status zuweist. Schließlich gilt Analoges auch für »gemischte« deskriptiv-normative Urteile, wie etwa das Urteil »Wenn eine Handlung Schmerzen verursacht, dann ist sie falsch«.

Damit steht uns ein neues Mittel zur Verfügung, um den

mittlerweile altbekannten *Modus Ponens* zu verstehen (vgl. hier S. 74–76):

(I) Es ist moralisch falsch, zu lügen.
(II) Wenn es moralisch falsch ist, zu lügen, dann ist es auch moralisch falsch, seinen kleinen Bruder dazu zu bringen, zu lügen.

---

(III) Es ist moralisch falsch, seinen kleinen Bruder dazu zu bringen, zu lügen.

Dieses Argument ist genau dann gültig, wenn in der unvollständigen faktisch-normativen Welt, die durch (I) und (II) abgegrenzt wird, auch (III) gilt. Das heißt, dass in der Menge der möglichen Vervollständigungen, die durch (I) und (II) abgegrenzt wird, für alle Elemente dieser Menge gelten muss, dass in ihnen auch (III) wahr ist. Da die Frage, was in einer faktisch-normativen Welt gilt, eine *nicht-normative* Frage ist (eine Sache der Logik der Begrenzung dieser Welt), ist die Frage, ob dieser Schluss gültig ist, ebenfalls eine logische Frage. Das heißt wiederum, dass jemand, der diesen Schluss nicht akzeptiert, sich nicht (wie bei Blackburn zumindest in der ersten Version des Arguments) eines *moralischen*, sondern eines *logischen* Fehlers schuldig macht. Er drückt seine Akzeptanz einer faktisch-normativen Welt aus, die aus logischen Gründen gar nicht möglich ist. Anders als Blackburn kann Gibbard daher eine detaillierte Antwort auf das Frege-Geach-Problem vorlegen, die eine Asymmetrie zwischen moralischer und nicht-moralischer Argumentation vermeidet.

Hier kann nur ein Einwand gegen diese Lösung erwähnt

werden: Blackburn verweist darauf, dass auch Gibbard in diesem Argument den Begriff der *Konsistenz* einer normativen Welt verwenden muss, da er annehmen muss, dass unvollständige normative Welten nur durch vollständige konsistente Systeme vervollständigt werden *dürfen*. Dieser Begriff der normativen Konsistenz, so Blackburn, kann jedoch selbst nur als *normativer Maßstab* verstanden werden, der befürwortbare Systeme von Haltungen abgrenzt und der also schon vorab akzeptiert sein muss. Falls dies zutrifft, würde sich Gibbard den Schein der rein logischen Gültigkeit des moralischen *Modus Ponens* dadurch erkaufen, dass er heimlich normative Prämissen in sein Argument schmuggelt.

## Zusammenfassung

Auch wenn die erste Runde von Einwänden gegen den Nonkognitivismus von Blackburn und Gibbard überzeugend beantwortet werden konnte, ist keineswegs unumstritten, dass ihre relativ komplizierten Vorschläge zur Semantik moralischer Sprache und hinsichtlich der relevanten Haltungen überzeugen können. Der Nonkognitivismus kann zwar zahlreiche Einwände beantworten. Dennoch bleibt es unklar, ob er ein insgesamt überzeugendes Bild der Moral abgibt.

# 6 Tatsachen der Moral – der Realismus

## Realismus und Naturalismus

Der Nonkognitivismus muss stets gegen eine unserer grundlegenden Intuitionen ankämpfen: die Intuition der objektiven Wahrheit moralischer Urteile. Zumindest einige moralische Urteile, wie zum Beispiel das Urteil, dass Mord falsch, Ehrlichkeit gut und Gerechtigkeit moralisch geboten ist, empfinden wir so, dass sie nicht nur eine Haltung ausdrücken, sondern eben zugleich auch so, dass hier die *Tatsachen* unsere Haltung stützen. Diese interne Logik unseres moralischen Nachdenkens scheint der Nonkognitivismus nur schlecht abbilden zu können. Wieso also nicht umgekehrt beginnen und von der Intuition ausgehen, dass moralische Urteile wahr und falsch sein können (also: Kognitivismus), weil sie bestimmte Tatsachen richtig treffen, und dass sie unabhängig von unserem Denken, Fühlen und Urteilen *objektiv* richtig oder falsch sind? Offensichtlich kommt der realistische Kognitivismus dieser Intuition der Objektivität am nächsten: Er behauptet, dass wir uns mit moralischen Urteilen genauso auf moralische Tatsachen beziehen, wie wir uns mit Aussagen über das Wetter oder über unsere Gefühle jeweils auf einen bestimmten Bereich von Tatsachen beziehen können.

Sobald wir dies behaupten, müssen wir jedoch sogleich als *erstes Problem* die Herausforderung Mackies annehmen und etwas darüber sagen, um *welche Art von Tatsachen* es sich bei moralischen Tatsachen handelt. Ein *zweites Problem* besteht darin, dass Vertreter dieser Position, um das metaethische Trilemma einer Lösung zuzuführen, sich entweder dafür entscheiden müssen, den moralischen Internalismus aufzugeben oder aber die Hume'sche Theorie der Motivation abzulehnen, zumindest dann, wenn sie nicht von vornherein gleich beide Thesen ablehnen. Schließlich stellt sich für den Realismus als *drittes* Problem die Frage, wie er auf Moores »Open Question Argument« reagiert (vgl. hier Abschnitt: »Der naturalistische Fehlschluss und das ›Open Question Argument‹«, S. 51–53). Können wir moralische Eigenschaften einfach mit nicht-moralischen Eigenschaften identifizieren?

Viele moralische Realisten gehen davon aus, dass moralische Tatsachen am besten verstanden werden können, wenn wir sie als eine Untergattung einer bekannten und vertrauten Art von Tatsachen beschreiben – nämlich als *natürliche Tatsachen*. Mit »natürlichen Tatsachen« sind dabei all jene Tatsachen gemeint, die in einer perfektionierten Form der Naturwissenschaften (also Physik, Biologie, Psychologie usw.) nicht-eliminierbar vorkommen würden oder aus solchen Tatsachen zusammengesetzt oder von ihnen konstituiert sind.

Für eine solche naturalistische Position spricht, dass die meisten moralischen Kognitivisten davon ausgehen, dass wir moralische Tatsachen in irgendeiner Weise *erkennen* können und dass moralische Tatsachen zumindest manchmal Handlungen *erklären*. Diese beiden Aspekte können wir uns leicht klarmachen, wenn wir annehmen, dass moralische Ausdrücke auf natürliche Eigenschaften referieren.

Nach einigen begrifflichen Unterscheidungen hinsichtlich der möglichen Positionen sollen die damit verbundenen Fragen an drei Theorietypen erläutert werden, nämlich an der Theorie Peter Railtons, an dem Reduktionsversuch von Frank Jackson und schließlich an der Schule des Cornell-Realismus.

### Definitionaler und nicht-definitionaler Realismus

Die Aussage, dass moralische Tatsachen oder Eigenschaften nichts anderes sind als natürliche Eigenschaften, kann man in zwei Weisen verstehen:

Zum einen nimmt der *definitionale Naturalismus* an, dass wir für jeden moralischen Ausdruck eine Definition angeben können, die keine moralischen Begriffe verwendet. Ähnlich wie der Nonkognitivismus nimmt auch der definitionale Naturalismus an, dass die Welt durch die Gesamtheit aller wahren nicht-moralischen Urteile *vollständig beschrieben* wird. Anders als der Nonkognitivismus geht er jedoch davon aus, dass wir anhand dieser Beschreibung *auch* über die Wahrheit oder Falschheit aller oder mancher moralischen Urteile entscheiden können – weil diese moralischen Urteile nur eine andere Formulierung für deskriptive Urteile sind.

Gegen diese Position kann zunächst Moores Einwand (vgl. hier Abschnitt: »Der naturalistische Fehlschluss und das ›Open Question Argument‹«, S. 51–53) vorgebracht werden, der trotz seiner Schwächen einen plausiblen Kern hat. Der definitionale Naturalismus behauptet, dass moralische und bestimmte nicht-moralische Ausdrücke *synonym* sind, was zumindest auf den ersten Blick unverständlich werden lässt, wieso uns diese Bedeutungsidentität bislang entgangen ist. Bei jeder solchen Analyse besteht zudem die Gefahr, dass sie sich möglicherweise *revisionistisch* gegenüber unserem Sprachgebrauch verhält. Behaupten wir etwa, dass »moralisch richtig« immer synonym mit einem Ausdruck ist, der eine Klasse von Handlungen nicht-moralisch beschreibt, scheint daraus zu folgen, dass zwei Personen, die in allen deskriptiven Urteilen miteinander übereinstimmen, aber dennoch »moralisch richtig« nicht auf die gleichen Situationen anwenden – etwa ein Kantianer und ein Utilitarist – den Ausdruck »moralisch richtig« mit unterschiedlicher Bedeutung gebrauchen. Bezeichnet eine dieser Personen also eine Handlung als moralisch richtig, die andere als moralisch falsch, handelt es sich unter dieser Perspektive nicht mehr um einen Widerspruch – die beiden meinen mit den entsprechenden Ausdrücken einfach nur unterschiedliche natürliche Eigenschaften. Diese Konsequenz wäre fatal, weil sie dazu führen würde, dass sich unterschiedliche moralische Auffassungen nicht mehr widersprechen könnten – *moralische Uneinigkeit* könnte also gar nicht mehr verstanden werden.

Zum anderen besteht eine weitere Möglichkeit, naturalistischer Realist zu sein, darin, nur die Behauptung aufrechtzuerhalten, dass moralische Urteile natürliche Sachverhalte *bezeichnen* und durch sie wahr gemacht werden, nicht aber die Behauptung, dass wir moralische Ausdrücke durch nicht-moralische Ausdrücke *ersetzen* können. Nach dieser *nicht-definitionalen* Auffassung haben moralische Ausdrücke eine andere *Bedeutung* als nicht-moralische Ausdrücke, auch wenn sie letztlich die gleichen Phänomene bezeichnen: Sie nehmen auf diese Phänomene in anderer Weise Bezug als die deskriptiven Urteile.

## Reduktionistischer und nicht-reduktionistischer Naturalismus

Mit der Unterscheidung zwischen »definitional« und »nicht-definitional« verwandt ist die Unterscheidung zwischen reduktionistischen und nicht-reduktionistischen Spielarten des Naturalismus.

### Reduktion

Eine Form des *reduktionistischen Naturalismus* liegt dann vor, wenn behauptet wird, dass moralische Aussagen auf Aussagen über natürliche Tatsachen reduzierbar sind, dass wir also, wenn wir über den Bereich des Moralischen sprechen, bedeutungsgleich Beschreibungen natürlicher Sachverhalte verwenden könnten. In der analytischen Philosophie sind solche Reduktionsprojekte weit verbreitet, bei denen es darum geht, ob wir ein Bereichsvokabular vollständig auf ein anderes Vokabular zurückführen können. Das bekannteste Beispiel für eine solche Debatte findet sich in der »Philosophie des Geistes«, die sich damit beschäftigt, ob wir Aussagen über Überzeugungen und Wünsche auf Aussagen über neurophysiologische Zustände reduzieren können.

Eine solche Reduktion kann entweder *eliminativ* oder *nicht-eliminativ* vorgehen. Folgendes Beispiel veranschaulicht eine eliminative Analyse: Glaubt eine Gruppe von Menschen, dass Personen deshalb krank werden, weil sie von bösen Geistern befallen sind, findet dann aber heraus, dass in Wirklichkeit Infektionen die Ursache von Krankheiten sind, erkennen die Mitglieder dieser Gruppe, dass sie dann, wenn sie von Geistern sprachen, sich »eigentlich« auf Infektionen bezogen haben. In der Konsequenz werden sie daher die verfälschende Rede von Geistern – die sich auf *nichts* bezog – aufgeben. Übertragen auf den Fall der Moral würde dies bedeuten, dass sich herausstellen könnte, dass das, was wir als »moralische Eigenschaften« bezeichnen, in Wirklichkeit gar keine solchen moralischen Eigenschaften sind, dass wir damit uns also auf nichts beziehen, sondern dass es nur Bezeichnungen natürlicher Eigenschaften gibt, die die Stelle moralischen Vokabulars einnehmen könnten. Wir müssten also die Rede von moralischen Eigenschaften *aufgeben.*

Eine andere naturalistisch-*reduktionistische* Theorie geht im Gegensatz dazu *nicht-eliminativ* vor: Sprechen wir in der Philosophie des Geistes etwa im erwähnten Sinne über Überzeugungen, können wir uns vorstellen, dass die Zuschreibung einer Überzeugung als Zuschreibung eines bestimmten neurophysiologischen Zustands verstanden werden kann, so dass die Rede von Überzeugungen im Prinzip durch Aussagen über diese Zustände ersetzt werden könnte. In diesem Fall müssen wir den Gebrauch von Aussagen über »Überzeugungen« nicht, wie im eliminativen Fall, aufgeben – denn sie beziehen sich ja wirklich auf etwas, und sie beziehen sich möglicherweise in einer besonders angemessenen Weise auf ihre Objekte.

Analog zu diesem Fall würde eine nicht-eliminative Reduktion moralischen Vokabulars implizieren, dass Sätze wie »Alle Situationen vom Typ T haben die Eigenschaft, moralisch gut zu sein« nichts anderes bedeuten als »Alle Situationen vom Typ T haben die Eigenschaften $N_1 \dots N_n$«, wobei $N_1 \ldots N_n$ natürliche Eigenschaften sind. Solch ein Naturalismus nimmt also an, dass moralische Prädikate vollständig durch natürliche Prädikate definierbar sind. Wir können also weiterhin moralisches Vokabular legitim verwenden, auch dann, wenn wir nach der Analyse wissen, dass wir bedeutungsgleiche Aussagen auch mit nicht-moralischem Vokabular machen können. Im Kontrast zu diesen beiden Spielarten des reduktionistischen Naturalismus nimmt ein *nicht-reduktionistischer Naturalismus* an, dass Aussagen über moralische Eigenschaften zwar Aussagen über natürliche Eigenschaften sind, aber nicht auf nicht-moralische Aussagen über natürliche Eigenschaften reduziert werden können. Nicht-reduktionistischer Naturalismus ist also eine Spielart des nicht-definitionalen Naturalismus.

Beide Formen der Reduktion haben ein prinzipielles Problem: Ersetzen wir ein Vokabular durch ein anderes, so verschwinden entweder die metaethischen Unklarheiten – also beispielsweise die »komische« Natur moralischer Tatsachen oder der Konflikt zwischen Objektivität und praktischer Relevanz – oder sie bleiben bestehen. Wenn sie verschwinden, dann hat die Übertragung in das neue Vokabular offensichtlich etwas geändert, sie belässt nicht alles beim Alten und ist damit keine bloße Ersetzung durch Synonyme. Wenn die Probleme aber bestehen bleiben, dann hat uns die Ersetzung nichts gebracht. Naturalistische Realisten nehmen meistens an, dass uns die Ersetzung von Vokabularen sehen lässt, dass manche Probleme nur Scheinprobleme sind. Wieso konnten wir dies aber dann nicht anhand des ursprünglichen Vokabulars zeigen?

Aus diesen Gründen scheint ein nicht-reduktionistischer Naturalismus attraktiv zu sein. Mit welchen Gründen könnten wir jedoch behaupten, dass moralische Eigenschaften natürliche Eigenschaften sind, dass Aussagen über sie aber trotzdem nicht auf Aussagen über natürliche Eigenschaften reduziert werden können? Um diese Frage zu beantworten, muss von der semantischen Ebene auf die metaphysische Ebene gewechselt werden.

Der Schlüssel für das Verständnis der Frage, wie moralische Eigenschaften, die mit natürlichen Eigenschaften nicht identisch sind, in ein Weltbild passen, das nur natürliche Phänomene kennt, liegt in dem Begriff der *Supervenienz*, der bereits vorher hier (vgl. Abschnitte: »Der Nonkognitivismus«, S. 30–33, und »Das Verbot gemischter Welten«, S. 77–80) eingeführt wurde.

Eine Menge von Eigenschaften A superveniert genau dann auf einer Menge von Eigenschaften B, wenn folgendes gilt:

> **(Supervenienz von A auf B)**: Wenn sich zwei Situationen in ihren B-Eigenschaften gleichen, dann gleichen sie sich notwendigerweise auch in ihren A-Eigenschaften.

Beispielsweise könnten wir annehmen, dass alle Personen, die alle neurophysiologischen Eigenschaften und Zustände teilen, auch alle Überzeugungen teilen. Es muss jedoch nicht das Umgekehrte gelten: Gleichen sich zwei Personen in ihren A-Eigenschaften (»Überzeugungen«), so müssen sie sich nicht unbedingt auch in ihren B-Eigenschaften (»neurophysiologische Eigenschaften«) gleichen. Gleiche Überzeugungen implizieren nicht gleiche neurophysiologische Eigenschaften, da eine Überzeugung von *mehreren Kombinationen* neurophysiologischer Eigenschaften realisiert werden könnte. Supervenienz heißt einfach, dass Eigenschaften einer *höheren Ebene* von Eigenschaften einer *tiefer liegenden* Ebene realisiert werden, ohne dass es auf dieser tiefer liegenden Ebene immer nur eine einzige Realisierung gäbe und ohne dass wir notwendigerweise für jede Eigenschaft der höheren Ebene eine Definition angeben könnten, die ausschließlich die Eigenschaften niedrigerer Ebenen benennt.

So könnte es auch auf dem Gebiet der Moral sein: Teilen zwei Situationen alle natürlichen Eigenschaften, dann, so die Idee, teilen sie auch alle moralischen Eigenschaften – ohne dass es jedoch möglich wäre, eine Definition von »moralisch gut« in Termini nicht-moralischer, natürlicher Eigenschaften anzugeben.

Wie sich im Fall der Überzeugungen zeigt, kann eine solche Supervenienz so verstanden werden, dass die zu erklärenden Eigenschaften auf eine nicht definitorisch erfassbare Weise von den zugrundeliegenden Eigenschaften determiniert werden.

## Railtons Naturalismus der Werte

Eine Möglichkeit, eine naturalistische Theorie der Moral zu rechtfertigen, besteht natürlich einfach darin, die natürlichen Tatsachen anzugeben, auf die sich moralische Aussagen beziehen sollen. In diesem Sinne versucht Peter Railton seit den 1980er Jahren einen metaethischen (zunächst reduktionistischen, später dann aber nicht-reduktionistischen) Naturalismus im Hinblick auf *Werte* zu verteidigen. Insbesondere in seinen frühen Schriften entwickelt er zunächst auf naturalistischer Grundlage eine nicht-moralische Bestimmung des Prädikats des Guten, die dann dazu dient, den Untertyp des moralisch Guten zu bestimmen, von dem aus schließlich das moralische Sollen erläutert werden kann. Railton geht es dabei aber nicht um eine rein beschreibende Analyse des alltäglichen Gebrauchs moralischer Ausdrücke. Vielmehr möchte er »revisionistisch« ein neues Verständnis unseres moralischen Vokabulars nahelegen, indem er den Tatsachenbereich spezifiziert, auf den wir uns in moralischen Aussagen immer schon beziehen. Ähnlich, wie wir gelernt haben, dass Wasser kein unteilbares Element ist, sondern dass Wasser vielmehr aus der molekularen Zusammensetzung $H_2O$ besteht, ohne dass wir deshalb den Ausdruck »Wasser« aufgeben müssten, können wir auch auf empirischer Grundlage Neues darüber lernen, was das moralisch Gute ist. Zugleich soll diese Revision aber nicht einer Elimination gleichkommen, sondern so verfahren, dass sie den normativen Sinn moralischer Ausdrücke »aufbewahrt«.

### Ablehnung des Rationalismus

Das erste Problem, das einer solchen naturalistischen Reduktion von Werten entgegenzustehen scheint, ist die internalistische Intuition: Ist X wertvoll, so heißt dies entsprechend dieser Intuition, dass alle rationalen Personen, die X als wertvoll beurteilen, *ceteris paribus* motiviert sind, X zu erlangen oder zu tun. Aber diese Konsequenz scheint aus keiner natürlichen Tatsache hinsichtlich von X zu folgen.

Railton lehnt die internalistische Intuition daher ab. Dazu teilt er sie zunächst – in dem Sinn, in dem der Internalismus in Kapitel 3 (vgl. hier Kap. »Internalismus und Externalismus«, S. 34–49) analysiert wurde – in zwei separate Thesen auf:

> **(Rationalismus):** Wenn X wertvoll ist, dann haben alle Personen einen Grund, X zu tun.

> **(Internalismus bezüglich von Gründen):** Wenn eine Person urteilt, dass sie einen Grund hat, X zu tun, wird sie, soweit sie rational ist, *ceteris paribus* motiviert sein, X zu tun.

Wenn die urteilende Person den Rationalismus akzeptiert, dann folgt aus diesen beiden Thesen die internalistische Konsequenz:

> **(Rationalistischer Internalismus):** Wenn eine Person urteilt, dass X wertvoll ist, dann wird sie, soweit sie rational ist, *ceteris paribus* motiviert sein, X zu tun.

Railton hält den Rationalismus aus zwei Gründen für falsch: Erstens widerspricht diese These der plausiblen Annahme, dass unsere Gründe *relativ* zu unseren partikularen Zielen und Interessen sind. Diese Position nennt er »Instrumentalismus«. Es gibt also keine Gründe, die für alle rationalen Wesen nur aufgrund ihrer Rationalität Gründe sind. Zweitens impliziert die rationalistische Annahme das Konzept eines »absoluten Werts«, da sie annimmt, dass jeder Grund ein Grund *unabhängig von der Perspektive einer bestimmten Person* ist. Wenn jedoch nur diejenigen Werte moralische Werte sein könnten, die unabhängig von der Perspektive einer Person Gründe sind, und wenn zugleich gilt, dass alle tatsächlich existierenden Gründe nur aus der Perspektive einer partikularen Person Gründe sind, dann könnte es keine moralischen Werte geben.

Falls jedoch der Wertabsolutismus und der Rationalismus aufgegeben werden, dann kann eine neue Konzeption von Werten eingeführt werden: *relative Werte.* Wenn wir nur noch davon sprechen, dass X *für Person P* gut ist, dann müssen wir die rationalistische Prämisse nicht mehr akzeptieren. Jede Wertaussage muss also als *relational* auf die Person bezogen verstanden werden, für die sie gilt.

Führt dies nicht in den Relativismus? Railton argumentiert, dass trotzdem auch relationale Wertaussagen einstellungsunabhängig wahr sein können. Es ist eine objektive Frage, ob X für P gut ist oder nicht. Um einen solchen objektiven Sinn zu verteidigen, müssen wir allerdings annehmen, dass das, was für P gut ist, (relativ) *unabhängig* von den Überzeugungen ist, die P hinsichtlich der Frage hat, was für P gut ist. Es muss also ein objektiver, nicht-subjektivistischer Sinn von »gut für P« etabliert werden.

Etablierung eines nicht-moralischen Sinns von »gut«

Railtons Argument für eine solche Analyse baut darauf auf, dass wir uns sinnvollerweise fragen können, ob das, was wir in einem bestimmten Moment wünschen, *tatsächlich gut für uns* ist. Diese Frage setzt aber bereits voraus, dass ein Unterschied zwischen dem besteht, was wir *für gut halten* und dem, was tatsächlich *gut ist*, und dass wir annehmen, dass bestimmte Informationen uns dazu führen können, unsere Überzeugungen über das für uns Gute zu revidieren. Diese Informationen sind einerseits Informationen über unsere Umwelt, über Konsequenzen von Handlungen, aber auch Informationen über unsere Zukunft und über unsere Möglichkeiten, diese Zukunft zu gestalten. Manche Revisionen unserer Überzeugungen, die uns das, was für uns wirklich gut ist, besser erfassen lassen, kommen auch dadurch zustande, dass wir instrumentell rationaler werden. Daher, so Railton, können wir einen allgemeinen Begriff des nicht-moralisch Guten folgendermaßen bestimmen:

> **(Nicht-Moralisch Gutes)**: Das Gute für eine Person ist das, von dem diese Person wollen würde, dass sie es wünscht oder anstrebt, wenn sie ihre gegenwärtige Position von einem Standpunkt aus betrachten würde, auf dem sie dadurch voll über sich und über ihre Situation informiert wäre, dass sie sich alle relevanten Informationen lebendig vorstellt, und auf dem sie frei von allen kognitiven Irrtümern oder Fehlern instrumenteller Rationalität wäre.

Das Gute für eine Person ist daher nicht das, was sie für sich wünschen würde, wenn sie tatsächlich voll informiert und rational wäre, sondern muss das sein, von dem sie in dieser *optimalen Lage* wollen würde, dass sie es in ihrer *jetzigen, nicht voll informierten* Lage wünscht. Beispielsweise würde eine vollständig informierte Person nicht weitere Informationen wünschen; aber sie würde wünschen, dass ihr real existierendes, nicht voll informiertes Selbst weitere Informationen zur Verfügung zu haben wünschen würde, die deswegen Teil des Guten für sie sind.

Dieser Vorschlag (der natürlich nicht nur ein metaethischer, sondern auch ein substanzieller Vorschlag ist) rettet den Internalismus bezüglich der Motivationskraft von Urteilen über das Gute. Nach dieser Definition scheint es zumindest vertretbar zu sein, zu behaupten, dass alle rationalen Personen *ceteris paribus* das wünschen oder anstreben, über das sie *in diesem Sinne* urteilen, dass es für sie gut ist – aber ohne den Wertabsolutismus, der aus dem Rationalismus folgt.

Railton geht davon aus, dass die objektive Situation jeweils eindeutig bestimmt, was eine idealisierte Person wünschen würde. Die Antwort auf die Frage, was für eine Person gut im nicht-moralischen Sinne ist, ist daher ein *deskriptives* Urteil über einen objektiven Sachverhalt. Dennoch ist diese Antwort nicht ohne präskriptiven Gehalt: Die Aussage, dass die Wahl eines Studienfachs besonders geeignet ist, die Interessen von P zu befriedigen, ist rein deskriptiv. Es wäre jedoch absurd zu sagen, dass wir ein Problem damit haben, ihren empfehlenden Charakter zu verstehen. Wir können nämlich ohne weiteres annehmen, dass es Teil des für P Guten ist, die eigenen Interessen zu befriedigen. Die Reduktion des nicht-moralischen Guten ist also nicht-eliminativ, weil die präskriptive Funktion in normalen Diskurskontexten erhalten bleibt, auch wenn wir die Idee »absoluter«, situations- und personenunabhängiger Werte aufgeben.

Stellt die Tatsache, dass X im nicht-moralischen Sinne für P gut ist, eine natürliche Tatsache dar? Dagegen scheint zu sprechen, dass diese Tatsache in keinen Erklärungen für Phänomene in der real existierenden Welt vorkommt – alle Handlungen von Personen können durch ihre empirischen *Überzeugungen*, dass X gut für sie ist, erklärt werden. Die Tatsache, dass X gut für P ist, ist jedoch eine Tatsache, die aufgrund der *empirischen Basis* der kontrafaktischen Annahme besteht, dass ein voll informiertes Äquivalent von P diese Perspektive einnehmen *würde*. Dass dies so ist, ergibt sich – zumindest nach Railtons Ansicht – aus objektiven Tatsachen: Die Tatsache, dass X für P gut ist, ist mit diesen empirischen Tatsachen *identisch*, etwa mit Tatsachen über ihre Psyche, über die objektive Lebenssituation und so weiter. Das heißt, dass die Tatsache, dass X für P gut ist, zwar nicht direkt in Erklärungen auftauchen wird, dass diese Tatsache aber mit anderen Tatsachen identisch ist, die in Erklärungen eine Rolle spielen können.

## Einwände gegen die Analyse

Diese Analyse des Begriffs des nicht-moralischen Guten – die Railton nicht erfunden hat, sondern die von anderen Philosophen wie Henry Sidgwick und Richard Brandt ähnlich entwickelt wurde – hat zahlreiche Einwände hervorgerufen. Gibbard kritisiert beispielsweise, dass die Analyse unplausibel ist: Wir können uns vorstellen, dass wir in vielen Fällen unsere Ziele rationaler verfolgen können, wenn wir uns die Folgen bestimmter Optionen *nicht lebhaft* vorstellen: Falls ich mir lebhaft vorstelle, wie mein Leben wäre, wenn ich die Früchte eines Verbrechens genießen könnte, bin ich vielleicht weniger in der Lage, das Gute für mich zu erkennen, als wenn ich diese lebhafte Vorstellung vermeide. Mehr Information trägt nicht immer zur Rationalität bei. Umgekehrt werden manche wertvollen Dinge vielleicht weniger attraktiv, sollten wir wirklich *alle* Informationen über sie haben. Weiterhin könnte man einwenden, dass es nicht klar ist, ob ein vollständig informiertes Selbst überhaupt denkbar ist, da nicht klar ist, ob die Perspektivenveränderungen, die mit verschiedenen möglichen Lebensverläufen verbunden sind, über deren Möglichkeit solch ein Subjekt informiert sein müsste, tatsächlich gleichzeitig vorgestellt werden könnten, ob die verschiedenen Vorteile tatsächlich gegeneinander abgewogen werden können und ob eine so große Fülle an Informationen nicht zu einer Auflösung persönlicher Identität führen müsste. All diese Einwände betreffen die Idee, dass die Vorstellung eines voll informierten Selbst in der Lage ist, eindeutig und objektiv festzulegen, was das Gute für eine Person ist.

Schließlich bestehen gute Gründe dafür, zu bezweifeln, dass sich die Frage, was im objektiven Interesse einer Person liegt, nur unter Hinweis auf die objektive Situation, in der sich diese Person befindet, entscheiden lässt. Das heißt, man kann mit Recht fragen, ob nicht jedes solche Urteil doch wieder evaluative Prämissen voraussetzt (deren Akzeptanz man der idealisierten Entscheidungsperson unterstellt), die sich nicht aus diesen Umständen ergeben.

### Vom nicht-moralischen zum moralischen Sinn von »gut«

Railtons bisher dargestellte Überlegungen scheinen das metaethische Problem noch gar nicht zu berühren: Auch Nonkognitivisten müssen mit diesem nicht-moralischen Sinn von »gut« kein Problem haben. Denn die Behauptung, dass wir je nach unserer persönlichen Lage bestimmte objektive Interessen haben, ist weniger problematisch als die Idee, dass es bestimmte *moralische Tatsachen* gibt, die – so die Intuition der praktischen Relevanz der Moral – Handlungsgründe einer *besonderen Art* etablieren.

Dieser besondere Sinn kommt, so Railton, erst dann ins Spiel, wenn wir eine Handlung nicht nur im Hinblick auf das, was für eine *bestimmte Person* gut ist, sondern auch im Hinblick auf das beurteilen, was die Interessen *aller* Betroffenen angeht – also von einem sozialen Gesichtspunkt aus:

> **(Moralisch richtig)**: Moralisch richtig sind die Handlungen und Situationen, die von einem sozialen Standpunkt aus gesehen rationalerweise befürwortet würden, wenn die Interessen aller potenziell betroffenen Individuen gleichermaßen unter Umständen vollständiger Information, die lebendig vorgestellt wird, berücksichtigt würden.

Diese Definition des Guten ist natürlich nicht eine *metaethische*, sondern eine substanziell *moraltheoretische* Definition des Guten. Aber ist diese Bestimmung des moralisch Guten tatsächlich ausreichend, um das Sollen zu erläutern, das sich aus der Moral ergibt? Dagegen spricht, dass es unklar ist, ob das, was von einem sozialen Standpunkt aus gesehen gut ist, auf uns eine solch normative, zwingende Kraft ausübt, wie wir es üblicherweise von der Moral annehmen. Dabei ist jedoch zu bedenken, dass Railton den Rationalismus und den Wertabsolutismus ablehnt. Das moralisch Gute ist für uns nicht alleine deshalb schon ein Handlungsgrund, weil wir rational sind. Vorausgesetzt aber, dass es für uns ein Handlungsgrund ist, hat es auch motivationale Kraft. Das heißt letztlich, dass die Frage, ob wir einen *Grund* haben, moralisch gut zu handeln, nicht *a priori* beantwortet werden kann. Aber wir wissen, dass die meisten Personen *de facto* sehr besorgt darum sind, dass ihre Handlungen auch unter einem unparteiischen Blickwinkel akzeptabel sind, und wir können wissen, dass es für die meisten Personen Teil des für sie Guten ist, dass es sich auch tatsächlich so verhält.

Railton vergleicht dies mit der »kategorischen« Kraft logischer Regeln: Logische Regeln sind nicht hypothetisch in dem Sinne, dass wir nur dann logisch denken sollten, wenn es unseren Zielen hilft. Vielmehr sind logische Regeln absolut notwendig für die Konstitution von Diskursen und Argumenten, die das Ziel haben, wahre Überzeugungen zu stützen. Diese Notwendigkeit verschwindet auch nicht dadurch, dass wir sie nicht sehen wollen. In diesem Sinne sind sie unseren Wünschen extern. Genauso sind auch moralische Normen unseren Wünschen extern, weil die Berücksichtigung der sozialen Perspektive für bestimmte Diskurse und Praktiken *notwendig* ist, denen wir typischerweise eine bedeutende Rolle in unserem Leben einräumen. Die Bedeutung dieser Perspektive ist deshalb objektiv, weil sie sich nicht dadurch eliminieren lässt, dass wir unsere persönlichen Wünsche ändern. Ihre nicht-hypothetische Notwendigkeit ist aber eben gerade nicht metaphysisch garantiert, sondern ergibt sich aus einer Verbindung der jeweiligen Regel mit einer Situation, in der sich Menschen normalerweise befinden.

Unter diesem Blickwinkel ist die einzige Person, die noch eine Antwort darauf braucht, wieso Moral für sie ein Handlungsgrund sein soll, ein absoluter Amoralist, der in einer Situation ist, in der moralisches Handeln für ihn keine soziale Rolle spielt. Es käme jedoch einer systematischen Überforderung gleich, müsste die Metaethik ein Argument finden, das einer solchen Person zwingend erläutert, dass sie moralisch handeln müsse.

Um abschließend eine kurze Einschätzung der Position Railtons zu geben, soll an dieser Stelle erstens angemerkt werden, dass auch Railton auf das »Open Question Argument« reagieren muss: Da er eine substanzielle Theorie des Guten vorschlägt, kann er nicht behaupten, dass seine Definition des moralisch Guten rein tautologisch ist – vielmehr fordert er uns auf, die Verwendungsweise von »moralisch gut« so zu *revidieren*, dass sie naturalistisch reduzierbar ist. Ihm geht es also nicht um eine Analyse unseres Diskurses, wie er tatsächlich stattfindet, sondern um eine Analyse dessen, was wir (seiner Ansicht nach) damit »eigentlich« meinen. Zweitens kann eingewandt werden, dass seine Analyse des moralisch Guten möglicherweise keine eindeutige naturalistische Reduktion zulässt: Was es heißt, die Interessen aller »gleichermaßen« zu berücksichtigen, ist ebenso umstritten wie die Idee, dass es Interessen und das Wohlergehen von Personen sind, die den Gegenstand der Moral bilden, und dass nur die Interessen von Individuen und nicht die Interessen von Gruppen zählen sollen. Hier tun sich substanzielle Fragen der Moral auf, die nicht von der Metaethik beantwortet werden können.

## Jackson: Moralischer Funktionalismus

Eine zweite Form, einen – klarerweise reduktionistischen – Naturalismus zu verteidigen, stellt die von Frank Jackson zusammen mit Philip Pettit entwickelte Theorie des *moralischen Funktionalismus* dar.

Jackson stellt mit dieser Theorie ein allgemeines Argument für die These vor, dass alle moralischen Eigenschaften (komplexe) natürliche Eigenschaften sind. Dieses Argument ist so konstruiert, dass es den Revisionismusvorwurf, den man gegen Railton erheben kann, explizit vermeidet und eine von einer substanziellen Moraltheorie unabhängige Methode angibt, die es uns erlauben soll, die Reduktionsbasis für moralische Aussagen zu finden.

### Bedeutung moralischer Ausdrücke und Supervenienz

Anders als viele andere Autoren geht Jackson nicht davon aus, dass es eine vorab privilegierte Bedeutung moralischer Ausdrücke oder gar einen vorab klaren Gegenstandsbereich moralischer Eigenschaften gibt. Vielmehr, so seine These, können zwar wir mit moralischen Aussagen meinen, was wir wollen, aber für *erfolgreiche* Kommunikation sollten wir darauf achten, dass wir das gleiche meinen wie die übrigen Personen, mit denen wir sprechen. Daher wird die Bedeutung moralischer Ausdrücke durch die *allgemein verbreiteten Annahmen* darüber geregelt, wie moralische Ausdrücke gebraucht werden können und worauf sie zutreffen. Die Menge dieser Annahmen nennt Jackson die »folk morality« – also die allgemein verbreitete, unwissenschaftliche (oder vorwissenschaftliche) Ansicht darüber, was den moralischen Diskurs ausmacht.

Eine der wichtigsten Annahmen dieser »folk morality« ist die Annahme der Supervenienz (vgl. hier Abschnitte: »Der Nonkognitivismus«, S. 30–33, und »Das Verbot gemischter Welten«, S. 77–80). Wenn zwei Situationen in nicht-moralischer Hinsicht gleich sind, dann sind sie es auch in moralischer Hinsicht. Da diese Annahme regelt, was wir überhaupt als moralisches Urteil anerkennen (wir könnten kein Urteil als moralisches Urteil anerkennen, das dieses Kriterium nicht respektiert), ist dies eine *A-Priori-*Wahrheit über die Moral, die eine metaethische Theorie reflektieren muss. Die Supervenienz des Moralischen auf dem Nicht-Moralischen ist also *a priori* wahr, notwendig und zugleich global: Das heißt, sie gilt nicht nur in unserer faktischen Realität, sondern in jeder denkbaren Realität.

Dies vorausgesetzt, kann die Strategie von Jackson grob skizziert werden: Wenn wir alle möglichen Welten, für die ein bestimmtes moralisches Urteil M wahr ist, vollständig beschreiben, so dass wir für jede dieser Welten $W_1 \ldots W_N$ eine Beschreibung $D_1 \ldots D_N$ erhalten, dann können wir eine extrem komplexe deskriptive Aussage D konstruieren (D: $D_1$ oder $D_2$ oder ... oder $D_N$), die alle und nur diejenigen Umstände beschreibt, in denen das moralische Urteil M wahr ist. Es gilt: In jeder möglichen Welt, in der D wahr ist (in der also $D_1$ oder $D_2$ usw. wahr sind), ist auch M wahr und umgekehrt. D und M sind also *a priori* jeweils notwendig und hinreichend füreinander, und M ist somit reduzierbar auf D.

Einen möglichen Einwand gegen diese Analyse stellt die Möglichkeit dar, dass D und M auch dann möglicherweise nur *koextensiv* sind, also die gleichen Sachverhalte *bezeichnen*, dass sie aber dennoch einen *verschiedenen Sinn* haben, dass sie also auf diese Sachverhalte in jeweils unterschiedlicher Weise Bezug nehmen. Was wäre aber dann die Funktion des *zusätzlichen* moralischen Sinns moralischer Aussagen in konkreten moralischen Überlegungen? Wenn wir wissen, dass eine bestimmte Handlung zum Tod eines Menschen führt, und dass dieser Mensch zuvor keinen anderen Menschen bedroht oder verletzt hat, dann wissen wir alles, was wir für ein moralisches Urteil wissen müssen, ohne dass sich dafür die Sachlage uns noch einmal auf eine andere Weise präsentieren müsste.

### *Moralischer Funktionalismus*

Wie können wir auf dieser Basis herausfinden, *welche* natürlichen Eigenschaften moralische Ausdrücke bezeichnen? Jackson und Pettit schlagen vor, dass wir eine bestimmte Methode zur Festlegung des Gehalts von Ausdrücken verwenden können, die sie aus dem Werk von David Lewis übernehmen. Die Grundidee dabei ist, dass die Vielzahl moralischer Ausdrücke, die wir kennen und verwenden, *untereinander verknüpft* sind, so dass sie in logischen Verhältnissen zueinander stehen. Sie bilden in ihrem Gebrauch ein *Netzwerk*, in dessen Kontext sie ihre Bedeutung erhalten. Sie stehen aber auch in logischen Beziehungen zu nicht-moralischen Beschreibungen und zu Aussagen über Handlungsgründe.

So gibt es relativ klare Fälle, in denen wir von nicht-moralischen auf moralische Aussagen schließen (man denke etwa an die Tatsache, dass dann, wenn jemand Schmerzen hat, diese Situation im Normalfall moralisch schlechter ist als die Situation, in der er keine Schmerzen hat). Es gibt außerdem zahlreiche interne logische Verbindungen zwischen moralischen Begriffen (man denke etwa an Schlüsse von Rechten auf Pflichten). Schließlich gibt es klare Fälle von Schlüssen von moralischen Aussagen auf Motivationen oder Handlungsgründe.

Wir können der »folk morality« eine große Zahl von Plattitüden entnehmen, die solche Implikationen enthalten. Eine noch umfangreichere Sammlung solcher Allgemeinplätze ergibt sich dann, wenn wir nicht nur die faktische, sondern eine gereifte, systematisierte Form unserer Alltagsmoralität betrachten. In diesem Fall werden wir vermutlich zahlreiche Aussagen über den Gehalt, über die Motivationskraft, über Prozeduren zur Erkenntnis und über die Rechtfertigungsfunktionen der Moral erhalten – und zwar werden einige dieser Aussagen von einer Art sein, dass sie so eng mit moralischem Vokabular verbunden sind, dass diejenigen, die sie nicht anerkennen, sich nicht mehr als Personen verständlich machen können, die *überhaupt* moralisch argumentieren. Behaupte ich beispielsweise: »Dass etwas moralisch gut ist, demotiviert Menschen üblicherweise, es zu tun« oder »Würfeln ist eine gute Methode, herauszufinden, welche von zwei Optionen die moralisch bessere ist«, so ist dies kaum als eine exzentrische moralische Theorie verständlich, sondern legt nahe, dass ich gar nicht weiß, was »moralisch gut« bedeutet. Wir haben also eine Reihe von Plattitüden, die so zentral für die Moral sind, dass sie ohne sie keine Moral mehr wäre, und die deshalb *a priori* gelten.

Nun können wir all diese Aussagen derart logisch umformen, dass wir die moralischen Eigenschaften (»moralisch richtig«, »verpflichtend« usw.) durch »freie Variablen« ersetzen und an den Anfang der Aussage stellen, so dass wir Sätze bekommen wie:

(1) Es existiert eine Eigenschaft x, für die gilt, dass wenn eine Handlung ein Mord ist, dann ist sie auch x.
(2) Es existiert eine Eigenschaft y, für die gilt, dass wenn eine Person von einer Handlung glaubt, dass sie die Eigenschaft y hat, dann wird sie in den meisten Fällen motiviert sein, sie auszuführen.
(3) Es existieren Eigenschaften x und y, für die gilt, dass eine Handlung nicht die Eigenschaft y hat, wenn sie die Eigenschaft x hat.
(4) [... *und so weiter* ...]

In diesen Sätzen tauchen die moralischen Termini nicht mehr *als solche* auf, sondern werden durch Variablen ersetzt. Die Grundidee der *Netzwerkanalyse* besteht nun darin, dass wir zwar nicht einzelne der moralischen Eigenschaften einfach mit natürlichen Eigenschaften identifizieren können, dass dies aber möglich ist, wenn wir *alle moralischen Eigenschaften zusammen* betrachten, d.h. in ihren Verbindungen und ihren durch ihre Verbindung bestimmten Rollen.

Dazu nehmen wir alle moralischen Plattitüden zusammen und verbinden sie zu einer einzigen Aussage:

> Es gibt Eigenschaften x, y und z, von denen gilt: Wenn eine Handlung ein Mord ist, dann ist sie auch x, *und* wenn eine Person von einer Handlung glaubt, dass sie die Eigenschaft y hat, dann wird sie in den meisten Fällen motiviert sein, sie auszuführen, *und* wenn eine Handlung die Eigenschaft x hat, hat sie nicht die Eigenschaft y [*... und so weiter ...*].

In dieser Aussage wird jeder moralische Begriff in seiner *Funktion im Netzwerk* dargestellt. Wenn wir die zahlreichen Plattitüden unserer Moral in dieser Weise verbinden, dann könnte sich dieses Urteil zumindest im Prinzip so nach der Seite einzelner Variablen auflösen lassen, dass sich für jede der Variablen *eine* (komplexe) naturalistische Definition ergibt, die die Gesamtaussage wahr werden lässt. Die von einer solchen Definition referenzierte (komplexe) natürliche Eigenschaft wäre damit als identisch mit der moralischen Eigenschaft erwiesen, die die entsprechende Variable ursprünglich ersetzte.

Diese »Netzwerkanalyse«, die moralische Begriffe nicht auf die Weise bestimmt, dass sie von Anfang an irgendeine bestimmte natürliche Eigenschaft bezeichnen, sondern dass sie auf diejenige natürliche Eigenschaft referieren – welche auch immer das sein mag –, die ihrer *Rolle im Netz-*

*werk* der übrigen moralischen Begriffe entspricht, kommt dabei einem reduktionistischen Naturalismus gleich, weil die Beziehung, wie dargestellt wurde, eine definitorische Beziehung ist.

### *Argumente gegen nicht-reduktionistischen Realismus*

Ein erstes Problem dieser Theorie betrifft den Status des Arguments. Nicht-reduktionistische Naturalisten, wie wir sie im nächsten Abschnitt kennenlernen werden, sind möglicherweise mit der Methode zur Bestimmung der *Referenz* moralischer Begriffe einverstanden. Sie nehmen jedoch an, dass es sich hier nur um einen Versuch handelt, *a posteriori* zu bestimmen, welche Handlungen und Situationen eben *unter* bestimmte moralische Prädikate *fallen*: Wir wissen nach einer solchen Analyse, welche konkreten Eigenschaften und Handlungen gut sind, aber nicht, wie der Begriff »gut« *definiert* ist.

Gegen diesen Einwand bringt Jackson folgendes Argument vor: Wenn wir annehmen, dass wir alles, was der Fall ist, in nicht-moralischen Termini beschreiben können, dann gilt: Wenn es (wie behauptet) nur *a posteriori* wahr ist, dass »moralisch richtig« die komplexe Eigenschaft x bezeichnet, dann besteht diese Verbindung »nur« aufgrund von bestimmten Tatsachen D (etwa von Tatsachen hinsichtlich unseres Sprachgebrauchs). Es gilt also:

> Gegeben einen bestimmten Zustand der Welt und von Personen D, bezeichnet »moralisch richtig« die komplexe Eigenschaft x.

Wir können diesen *A-Posteriori*-Ansatz jedoch leicht folgendermaßen umformen:

> H ist moralisch dann richtig, wenn H die Eigenschaft x hat und wenn der Zustand D besteht.

Dies gilt wiederum *a priori*. Damit ist die gewünschte Definition von »moralisch richtig« erlangt.

Da es nach Jackson *a priori* wahr ist, dass wir mit »moralisch richtig« diejenigen Eigenschaften meinen, die die Rolle spielen, die durch die Rolle von »richtig« in unserem Netzwerk moralischer Begriffe festgelegt wird, kann unter Hinzuziehung dieser These von der Beschreibung einer Handlung als »moralisch richtig« auf bestimmte Eigenschaften dieser Handlung geschlossen werden, so dass die Aufzählung dieser Eigenschaften eine Definition von »moralisch richtig« darstellt.

### *Lösungen für das Internalismusproblem*

Anders als Railton akzeptiert Jackson eine Form des Internalismus, nimmt also an, dass rationale Personen, die glauben, dass x moralisch richtig ist, *ceteris paribus* dazu motiviert sind und einen Grund dafür haben, x zu tun.

Zur Erklärung dieser Eigenschaft unterscheidet Jackson zwei Vorschläge: Entweder nimmt man an, dass die normative Kraft von moralischen Urteilen in ihrem *Gehalt* liegt, dass also das, was solche Urteile bezeichnen, direkt dazu geeignet ist, rationale Personen zu motivieren, oder aber, dass die *Weise, in der* das Urteil diesen Gehalt enthält, diese Funktion erfüllt. Die erste Strategie lässt sich aber für moralische Funktionalisten, die annehmen, dass der Gehalt moralischer Urteile rein deskriptiv ist, nur in einer an David Hume orientierten Weise verfolgen: Falls aus dem deskriptiven Gehalt eines moralischen Urteils motivationale Zustände folgen sollen, muss dieser Gehalt bereits motivationale Zustände »beinhalten«. Dies ist für ein deskriptives Urteil nur dann möglich, wenn es ein Urteil über motivationale Zustände des Urteilenden ist – also über die faktischen Motive oder über Motive unter idealen Umständen oder ähnliches.

Eine bessere Option ist für Jackson (und in diesem Fall besonders auch für Pettit) aber die zweite Strategie, die sie »Content Possession Strategy« nennen. Hier spielt die besondere *Weise* eine Rolle, *in der* Personen eine Überzeugung haben: Selbst unter der Voraussetzung, dass moralische Urteile wie bei Railton auf Urteile über unsere Wünsche unter idealen Bedingungen reduzierbar sind, ist unklar, wieso uns dies rationalerweise motivieren sollte, insbesondere dann, wenn wir die Schwierigkeiten, ein solches Urteil überhaupt zu fällen, in Betracht ziehen. Es gibt aber an dieser Stelle eine hilfreiche Analogie mit unseren Überzeugungen über *sekundäre Qualitäten*, zum Beispiel über Farben: Glauben wir, dass ein Objekt rot ist, glauben wir nicht daran, dass es bestimmte, personenunabhängig spezifizierbare Qualitäten hat, sondern schlicht, dass es diejenigen natürlichen Qualitäten hat, die dazu führen, dass es unter normalen Umständen von durchschnittlichen Personen als rot wahrgenommen wird (zu sekundären Qualitäten vgl. hier auch Abschnitt: »Sekundäre Qualitäten«, S. 187–189). Aber die meisten Personen, die das Prädikat »rot« anwenden, werden diese Analyse dessen, was sie damit meinen, kaum explizit akzeptieren. Ebenso wenig haben normale Personen eine präzise Theorie darüber, was »normale Umstände« sind. Vielmehr haben Personen typischerweise nur ein *implizites* Verständnis der Bedeutung von Farbwörtern, weil sie bestimmte *Dispositionen* besitzen, Dinge als rot zu bezeichnen, die so analysiert werden können, dass sie diese Personen mit diesem Verständnis von »rot« ausstatten (vgl. zu einem ähnlichen Argument auch hier S. 44–48). Mehr noch: Ohne dieses dispositionale Element würde unserem Verständnis von »rot« etwas Wichtiges fehlen.

Diese nicht-explizite, nicht-intellektualistische, dispositionale Weise, in der wir solche Überzeugungen typischerweise haben, kann auch dazu dienen, die motivationale Kraft moralischer Überzeugungen zu erklären: Die spezifische Weise zu glauben, dass eine Handlung gut ist, besteht eben gerade darin, diese Handlung in einer bestimmten Weise oder Hinsicht als *attraktiv* wahrzunehmen. Die dispositionale Struktur, die unserer Überzeugung von der Gültigkeit einer deskriptiven Aussage zugrunde liegt, enthält also motivationale Elemente. Genau wie im Fall der Farben würde eine rein »intellektualistische«, nicht mit Motivationen verknüpfte Weise, eine moralische Überzeugung zu haben, nicht als Fall einer moralischen Überzeugung im vollen Sinne gelten.

An dieser Stelle muss kritisch angemerkt werden, dass es sich hier um eine Einführung *zusätzlicher* theoretischer Elemente handelt, die angeblich den Kern der naturalistischen Theorie nicht berühren sollen. Es kann jedoch bezweifelt werden, ob man tatsächlich so streng zwischen einer deskriptiven Überzeugung und einer motivational gerichteten *Weise*, diese Überzeugung zu haben, unterscheiden kann; oder ob wir diese Struktur nicht – wie etwa John McDowell (vgl. hier Abschnitt: »Moral als zweite Natur – John McDowell«, S. 196–207) argumentieren wird – auch als bestimmend für den *Gehalt* moralischer Urteile ansehen müssen.

### *Weitere Einwände*

Zwei weitere Einwände gegen den analytischen Funktionalismus sind besonders hervorzuheben: Erstens geht dieser Ansatz davon aus, dass bestimmte moralische Aussagen der »folk morality« den Status von Wahrheiten *a priori* haben und daher benutzt werden können, um in einer Netzwerkanalyse die deskriptive Bedeutung moralischer Begriffe zu bestimmen. Dagegen könnte leicht eingewandt werden, dass es keine solchen Aussagen gibt, die tatsächlich den Gegenstandsbereich der Moral festlegen: Ist es wirklich so, dass die Aussage »Mord ist falsch« zu bestreiten, bedeutet, »falsch« nicht mehr in einem verständlichen moralischen Sinn zu verwenden? Das scheint nicht so zu sein, da wir uns vorstellen können, dass Personen der *moralischen* Überzeugung sind, die Ermordung bestimmter Bevölkerungsgruppen sei moralisch erlaubt. Jackson gibt in diesem Zusammenhang zu, dass dies denkbar ist und dass dies dazu führen würde, dass verschiedene Formen der »folk morality« mit jeweils verschiedenen basalen Aussagen eben zu verschiedenen Bedeutungen moralischer Begriffe führen würden. Er nimmt aber zusätzlich an, dass solche Fälle basaler moralischer Uneinigkeit real nicht existieren und es daher genügend problemfreie Fälle moralischer Plattitüden gibt. Unter der Voraussetzung, dass diese Annahme falsch wäre, bestünde aber die Gefahr, dass wir nicht mehr ausreichend zwischen Gruppen, die *unterschiedliche* moralische *Prinzipien* teilen, und Gruppen, die *unterschiedliche* Dinge mit moralischen Ausdrücken *meinen*, unterscheiden könnten.

Ein zweiter Einwand richtet sich gegen die Methode der Netzwerkanalyse selbst: Selbst dann, wenn wir annehmen, dass wir ein Netzwerk moralischer Aussagen, innermoralischer Schlüsse und moralischer Motivationskraft entwerfen können, das jedem moralischen Ausdruck eine Funktion zuordnet: Ist es dann wahrscheinlich, dass jede Funktion *eindeutig* eine bestimmte Eigenschaftskombination aus dem Pool verfügbarer deskriptiver Charakterisierungen auswählt? Da Jackson und Pettit die Netzwerkanalyse am Beispiel von Farben erläutern, kann auch hier dieses Beispiel zur Illustration gewählt werden. Rot, Grün und Gelb sind untereinander so verknüpft, dass sie auf dem Farbspektrum relativ zueinander verschiedene Positionen einnehmen (Rot ist der Komplementärkontrast zu Grün usw.). Man könnte argumentieren, dass die gleichen internen Verbindungen auch dann erfüllt wären, wenn wir die natürlichen Eigenschaften, die diesen Farben zugrunde liegen, entsprechend anderen Farben zuordnen (würde »Rot« Grün bezeichnen und umgekehrt, wären beide Farben immer noch Komplementärkontraste). Das heißt, dass rein interne Verbindungen zwischen zu bestimmenden Begriffen unter Umständen nicht ausreichen, solange einzelne Begriffe nicht durch Definitionen bestimmt werden, die sie eindeutig mit Hilfe von Begriffen erläutern, die dem zu erklärenden Netzwerk *extern* sind – sollte jedoch eine solche externe Verankerung möglich sein, hätten wir bereits eine direkte Reduktion von moralischen Begriffen, die keine Netzwerkanalyse mehr benötigt.

### Zusammenfassung

Der reduktionistische Naturalismus scheint auf den ersten Blick die beste Möglichkeit zu bieten, die metaphysischen Einwände gegen den moralischen Realismus zu umgehen. Doch seine Vorzüge haben ihren Preis: Reduktionistische Naturalisten müssen in der einen oder der anderen Weise die internalistische Intuition aufgeben oder abschwächen. Sie müssen zudem entweder – wie Railton – die Bedeutung moralischer Ausdrücke revisionistisch behandeln oder in Kauf nehmen, dass unklar bleibt, ob es wirklich eine reduktive Definition gibt, die die Kernelemente der Alltagsmoral aufnehmen kann – wie Jackson und Pettit. Klarheit hinsichtlich der Frage, wie moralische Ausdrücke analysiert werden sollten, wird also mit der Unsicherheit erkauft, ob das, was die Definitionen beschreiben, tatsächlich auch die Moral ist, die wir meinen.

## Nicht-Reduktionistischer Naturalismus

### Einführung

Falls die bisher diskutierten Versuche, moralische Begriffe in nicht-moralischen Termini zu analysieren, scheitern sollten: Wäre dies das Ende für den moralischen Naturalismus? Um diese Frage zu beantworten, müssen wir etwas weiter darüber nachdenken, was es heißt, einen Begriff mit Hilfe anderer Begriffe zu analysieren oder Eigenschaften auf andere Eigenschaften zu reduzieren.

Analysieren wir einen Begriff, so versuchen wir, eine *Definition* vorzulegen, die die *Bedeutung* dieses Begriffs voll erfasst. Dazu reicht es allerdings nicht aus, dass sowohl der Begriff als auch die vorgeschlagene Definition auf die gleichen Objekte zutreffen: Wie wir gesehen haben (vgl. hier S. 52–54), kann »Junggeselle« auf dieselbe Menge von Personen zutreffen wie »schlecht gelaunter Schnurrbartträger«, ohne dass aber beide Begriffe dieselbe Bedeutung hätten. Die Bedeutung eines Begriffs legt also nicht nur fest, auf was dieser Begriff zutrifft, sondern auch, unter welchen Kriterien und in welcher Weise der Begriff seine Objekte bezeichnet. Dies impliziert unter anderem Regeln, die festlegen, was aus der Verwendung eines Begriffs folgt und was Belege für sein Zutreffen sind. Selbst dann, wenn es wahr sein sollte, dass die Mengen der schlecht gelaunten Schnurrbartträger und der Junggesellen miteinander identisch sind, folgt aus der Behauptung, dass jemand ein schlecht gelaunter Schnurrbartträger ist, alles Mögliche, was nicht aus der Behauptung folgt, dass er Junggeselle ist.

Was bedeutet dies für die Moral? Moores Argument (vgl. hier Abschnitt: »Der naturalistische Fehlschluss und das ›Open Question Argument‹«, S. 51–53) legt zumindest nahe – wenn es dies auch nicht nachweist –, dass die Bedeutung moralischer Begriffe nicht ohne weiteres durch naturalistische Definitionen erfasst werden kann. Mit diesem Umstand gehen reduktionistische Naturalisten, wie wir gesehen haben, in verschiedener Weise um: Railton beißt in den sauren Apfel und gibt zu, dass uns eine naturalistische Definition zwingt, die Bedeutung moralischer Ausdrücke zu *revidieren.* Jackson versucht hingegen, moralische Begriffe so zu definieren, dass all jene Selbstverständlichkeiten, die die Bedeutung moralischer Ausdrücke ausmachen, von einer solchen Definition erfasst werden, auch wenn die Definition dadurch so komplex wird, dass schwer zu entscheiden ist, ob sie eindeutig relevante Aspekte herausgreift.

Besteht aber nicht auch die Möglichkeit, das Projekt der Reduktion einfach zu verwerfen? Wir könnten darauf verzichten, moralische Begriffe zu analysieren, und lieber davon ausgehen, dass moralische Tatsachen nicht in nichtmoralischen Termini beschreibbar sind. Zugleich kann ihr natürlicher Charakter dadurch festgehalten werden, dass nachgewiesen wird, dass diese moralischen Tatsachen in kausalen Erklärungen von Handlungen eine unersetzliche Rolle spielen.

Moralische Tatsachen wären dann Tatsachen in der natürlichen Welt, die nur mit Hilfe moralischen Vokabulars beschrieben und identifiziert werden können. Das würde also bedeuten, dass die *Referenz* moralischer Begriffe den gleichen Raum von Objekten und Eigenschaften betrifft wie bei nicht-moralischen Begriffen, dass jedoch die *Identifikation und Beschreibung* dieser Eigenschaften durch moralische Begriffe nicht durch nicht-moralische Begriffe analysierbar ist.

## Cornell-Realismus

Die bekanntesten Vertreter eines nicht-reduktionistischen Naturalismus sind drei Philosophen, die an der Cornell University in Ithaca im US-Bundesstaat New York unterrichtet oder studiert haben und daher als »Cornell-Realisten« bezeichnet werden. Es handelt sich um Richard Boyd, Nicholas Sturgeon und David Brink.

Die Cornell-Realisten vertreten drei Thesen: Sie sind moralische *Naturalisten*, nehmen also an, dass moralische Eigenschaften natürliche Eigenschaften sind. Sie sind *Nichtreduktionisten*, gehen also davon aus, dass moralische Eigenschaften nicht auf nicht-moralische Eigenschaften reduziert werden können (und moralische Begriffe nicht mit Hilfe nicht-moralischer Begriffe analysiert werden können), und sie sind *Externalisten* bezüglich normativer Urteile. Sie denken also, dass moralische Urteile rationale Personen nicht zwingend motivieren, diesen Urteilen entsprechend zu handeln.

Die Cornell-Realisten sind vor allem daran interessiert, den Status moralischer Urteile mit dem Status wissenschaftlicher Urteile zu vergleichen, denn sie wollen nicht naiv voraussetzen, dass wir bereits vorab wissen, was »objektiv« oder »real« heißt. Vielmehr nehmen sie an, dass wir immer dann, wenn wir behaupten, moralische Urteile seien wahr oder falsch, oder könnten dies nicht sein, meinen, dass sie *im Vergleich zu wissenschaftlichen Urteilen* gleich viel oder weniger objektive Gültigkeit besitzen.

Dieser Ausgangspunkt erlaubt es dem Cornell-Realismus auch von Beginn an, einige Einwände gegen den moralischen Realismus nicht zuzulassen, wie etwa den Zweifel Mackies daran, dass wir moralische Eigenschaften mit unseren »normalen« Sinnesorganen wahrnehmen können. Dieser Einwand trifft in gleicher Weise auch auf die Eigenschaften zu, die in vielen Wissenschaftsdisziplinen eine Rolle spielen: Wir können ebenso wenig wie moralische Eigenschaften etwa Elektronen, kausale Kräfte, Magnetfelder oder ähnliches »direkt« beobachten. Doch ist dies kein Einwand gegen die Realität dieser Phänomene, vielmehr ist es sogar so, dass jede Form direkter Beobachtung immer schon »theoriegeladen« ist, also uns nur deshalb Informationen liefert, weil wir unsere Wahrnehmungen vor einem Hintergrund von Annahmen und Selbstverständlichkeiten interpretieren.

Aus den Naturwissenschaften kennen wir *indirekte* Methoden, um in konkreten Fällen die Existenz von Phänomenen nachzuweisen, die nicht direkt beobachtbar sind, und Theorien über sie zu entwickeln. Dabei handelt es sich um Methoden, mit denen wir von bestimmten direkten Beobachtungen auf die Präsenz nicht beobachtbarer Phänomene und Eigenschaften schließen. Die Beobachtungen stützen dabei die Theorie, die wiederum die Methoden der Beobachtung legitimiert. Unser Schluss von dem Ausschlag eines Zeigers auf eine elektrische Spannung ist etwa deshalb gerechtfertigt, weil wir eine weitgehend richtige Theorie über die Funktionsweise des Messgerätes haben, und unsere Theorie über die Funktionsweise elektrischer Apparaturen kann wiederum durch Messungen bestätigt werden.

Diese Wechselwirkung zwischen indirekter Beobachtung und Theoriebildung, wie sie für die Naturwissenschaften typisch ist, kann auf das Feld der Moral übertragen werden: Wir sehen manche unserer moralischen Intuitionen und intuitiven Reaktionen deshalb als verlässlich an, weil sie durch eine vernünftige moralische Theorie als zuverlässig bewertet werden, und wir sehen die moralische Theorie deshalb als vernünftig an, weil sie im großen und ganzen von unseren Intuitionen bestätigt wird.

Nicht nur die Epistemologie, auch die Ontologie und Semantik moralischer Eigenschaften bzw. Attribute kann durch den Vergleich mit wissenschaftlichen Phänomenen beleuchtet werden: Die Wissenschaften der Biologie oder Psychologie verwenden etwa bestimmte Beschreibungen, die nicht ohne weiteres auf physikalische Beschreibungen zurückzuführen oder mit Hilfe ihrer Begriffe zu analysieren sind, die aber dennoch zweifellos natürliche Eigenschaften bezeichnen. Solange diese Eigenschaften in den jeweils erklärenden Theorien eine unersetzliche Rolle spielen, stellt dies auch kein Problem dar. Genauso kann im Fall der Moral davon ausgegangen werden, dass »gut« und »richtig« eine Erklärungsfunktion übernehmen, die entsprechende Reduktionsversuche nicht aufrechterhalten können. So können wir etwa annehmen, dass der Begriff »moralisch richtig« nicht in nicht-normativer Weise analysiert werden kann, dass er aber dennoch eine natürliche Eigenschaft bezeichnet, weil wir zum Beispiel die Änderung gesellschaftlicher Moralvorstellungen (also ein natürliches Phänomen) manchmal *nur* dadurch erklären können, dass Menschen erkannt haben, dass einige ihrer ursprünglichen Vorstellungen nicht moralisch richtig sind. Die moralische Richtigkeit würde also in einer Gesellschaftsgeschichte eine unersetzliche erklärende Rolle spielen.

## Moralische Erklärungen: Die Sturgeon-Harman-Debatte

Diese Analogie mit den Naturwissenschaften beruht darauf, dass es tatsächlich der Fall ist, dass moralische Tatsachen solch eine Rolle spielen können. Hinsichtlich dieser Frage sind einige der interessantesten Beiträge des Cornell-Realismus zur metaethischen Debatte im Rahmen einer Auseinandersetzung von Nicholas Sturgeon mit der Kritik von Gilbert Harman entstanden. Harman greift die realistischen Theorien, die sich in dieser Weise auf die Naturwissenschaften berufen, in seinem Buch *The Nature of Morality* an. Daher ist es sinnvoll, mit dem von Harman vorgestellten Argument zu beginnen, das zeigen soll, dass moralische Tatsachen *keine* unersetzliche erklärende Rolle spielen.

### (i) *Harmans Kritik*

Harmans Argument geht folgendermaßen vor: In wissenschaftlichen Theorien berufen wir uns auf Tatsachen, weil sie unsere Beobachtungen erklären. Ein Beispiel für solch eine Erklärung wäre: »Der Zeiger des Messgeräts schlägt aus, weil sich überschüssige Elektronen im Metall befinden; wir können nicht erklären, wieso er ausschlägt, ohne die Existenz von Elektronen anzunehmen.« Hier spielt eine Tatsache (die Existenz von Elektronen) eine unersetzbare Rolle.

Wenn moralische Tatsachen etwas erklären, sind es die Handlungen und Reaktionen von Personen. Wir können jedoch Reaktionen und Handlungen *immer*, so Harman, erklären, *ohne* anzunehmen, dass es moralische Tatsachen gibt: Wir können einfach davon ausgehen, dass die handelnden Personen bei ihrer Erziehung die Disposition erworben haben, auf bestimmte nicht-moralische Tatsachen auf bestimmte Weise zu reagieren. Moralische Reaktionen können also *immer vollständig* durch den Verweis auf nicht-moralische Tatsachen und auf anerzogene Dispositionen erklärt werden.

Sehen wir etwa, wie eine Gruppe Jugendlicher eine Katze quält (so das etwas grausame Beispiel im Original), und sehen wir, dass eine Person P mit moralischer Abscheu auf diese Tat reagiert, reicht es für eine *Erklärung* dieser Reaktion aus, zu sagen, dass P die Disposition hat, auf vermeidbare Schmerzen von Tieren mit moralischer Abscheu zu reagieren und dass P vermeidbare Schmerzen von Tieren sieht – wir müssen nicht annehmen, dass es objektiv eine Eigenschaft des »Falschen« gibt, die P wahrnimmt. Die Erklärbarkeit der Reaktion von P scheint also nicht davon abzuhängen, dass es *tatsächlich falsch* ist, Katzen anzuzünden. Aus diesem Grund spielt die objektive Falschheit dieser Handlung auch keine unersetzbare Rolle in einer entsprechenden Erklärung. Im Kontrast zu dieser *ersetzbaren* Rolle des Moralischen sind unsere naturwissenschaftlichen Theorien so gebaut, dass *neben* unseren Dispositionen, etwas zu glauben, und neben Fakten bezüglich unserer sonstigen Wahrnehmungen auch die *behaupteten Tatsachen selbst* ein unersetzlicher Teil der besten Theorie sind, die erklärt, wieso wir etwa das Vorhandensein eines Elektrons annehmen.

(ii) *Sturgeons Antwort*

Um den moralischen Realismus zu verteidigen, müssen seine Vertreter (in diesem Falle Sturgeon) nachweisen, dass moralische Tatsachen nicht explanatorisch unnötig sind. Das entscheidende Argument dafür sieht folgendermaßen aus: Wenn Harman annimmt, dass die moralischen Tatsachen völlig irrelevant für die Erklärung unserer moralischen Urteile sind, dann muss er annehmen, dass wir unser moralisches Urteil über diese Fälle unabhängig von diesen moralischen Tatsachen erklären können. Das bedeutet wiederum, dass eine Erklärung unseres Urteils auch dann stabil bleiben muss, wenn sich die moralischen Tatsachen ändern, solange nur alle nicht-moralischen Tatsachen gleich bleiben.

Stellen wir uns die Situation mit den Jugendlichen und der Katze so vor, dass alle nicht-moralischen Tatsachen gleich bleiben und sich *nur* die moralischen Tatsachen ändern: Die Handlung bleibt also in allen deskriptiv charakterisierbaren Aspekten gleich, es ändert sich alleine ihre moralische Qualität, so dass das Handeln der Jugendlichen moralisch erlaubt ist.

Aufgrund der Supervenienz des Moralischen auf dem Nichtmoralischen ist dies aber nicht möglich, falls es *tatsächlich falsch* ist, eine Katze anzuzünden. Falls dies so ist, gibt es keine vorstellbare Vergleichssituation, in der die nicht-moralischen Tatsachen gleich bleiben (die Jugendlichen zünden die Katze an), aber die moralischen Tatsachen anders sind (das Handeln der Jugendlichen ist unproblematisch). *Wenn* das Anzünden der Katze falsch ist, dann kann das Handeln nicht unproblematisch werden, ohne dass es sich *auch in deskriptiver* Hinsicht verändert.

Das bedeutet aber auch, dass unser moralisches Urteil nur dann – wie es Harman nach Sturgeons Ansicht annehmen muss – unabhängig von den moralischen Tatsachen ist, wenn wir beispielsweise das Handeln von Jugendlichen *immer* falsch finden, unabhängig davon, ob sie die Katze anzünden oder nicht – aber in diesem Fall hätten wir sicher keine besonders gute moralische Theorie. Die von Harman behauptete Unabhängigkeit besteht also nur in dem Fall, in dem der Beobachter eine *falsche* moralische Theorie vertritt.

### (iii) *Der weitere Verlauf der Debatte*

Diese Verteidigung des Naturalismus überzeugte Harman nicht: Alles, was Sturgeon vorbringt, so seine Reaktion, ist auch für einen Nonkognitivisten akzeptabel: Dass moralische Tatsachen nicht unabhängig von nicht-moralischen Tatsachen variieren, zeigt nicht, dass es die moralischen Tatsachen sind, die unsere moralischen Urteile erklären, und nicht die nicht-moralischen Tatsachen, auf denen sie supervenieren.

Dies zeigt sich daran, dass es auch in den zitierten Fällen jemandem, der nicht die Überzeugung einer Person über die moralischen Tatsachen teilt, nicht schwerfällt, die moralischen Überzeugungen dieser Person zu erklären: Ein Beobachter, der unsere Reaktion auf die angezündete Katze sieht, der aber nicht denkt, dass die Jugendlichen etwas Falsches tun, hat kein Problem damit, unsere moralische Reaktion in nicht-moralischen Termini zu erklären – etwa indem er auf den Verlauf unserer Erziehung verweist. Sturgeon hat also nicht gezeigt, dass moralische Tatsachen für eine beste Erklärung notwendig sind. Die Tatsache, dass eine solche Person unserer Ansicht nach eine falsche moralische Theorie hat, ändert nichts daran, dass sie eine *gute* nicht-moralische *Erklärung* unserer moralischen Reaktion hat, die wir von ihr übernehmen könnten.

Wie kommt Harman aber mit der Idee zurecht, dass sich die moralischen Tatsachen gar nicht unabhängig von den nicht-moralischen Tatsachen ändern können und wir deshalb die Irrelevanz dieser Tatsachen gar nicht annehmen dürfen? Er unterscheidet hier zwischen dem Fall (1), in dem nicht-moralische Tatsachen, die (für den Beobachter oder eine andere Person) etwas falsch machen, ein Urteil erklären – in diesem Fall wäre die Tatsache, dass etwas falsch ist, ein reines *Epiphänomen*, also ein Phänomen, das zwar *erklärt werden* kann, selbst aber nichts *erklärt* –, und dem Fall (2), in dem die moralische Tatsache, *dass* etwas aufgrund nicht-moralischer Tatsachen falsch *ist*, dieses Urteil erklärt. Die Abhängigkeit moralischer Tatsachen von nicht-moralischen Tatsachen, die Sturgeon heranzieht, ist in beiden Fällen gegeben. Sturgeon kann also unter Verweis auf ihre gemeinsame Variation nicht zeigen, dass wir es mit Fall (2) zu tun haben, in dem die moralische Tatsache genuin etwas zur Erklärung beiträgt.

Um dies zu zeigen, müsste Sturgeon eine Theorie präsentieren, die nicht nur zeigt, *dass*, sondern auch *wie* genau die Falschheit einer Handlung das entsprechende Urteil erklärt – analog zu einer physikalischen Theorie, die nicht nur erklären kann, *dass*, sondern auch *wie* die Präsenz eines Elektrons einen Ausschlag der Nadel im Messgerät verursacht. Eine solche Theorie kann Sturgeon jedoch nicht anbieten, und er kann daher nicht nachweisen, dass es spezifisch moralische Tatsachen und nicht die den moralischen Tatsachen unterliegenden nicht-moralischen Tatsachen sind, die unsere Urteile erklären.

In der letzten Runde der Auseinandersetzung ist es nicht überraschend, dass Sturgeon wiederum diese Gegenargumente nicht überzeugen: Dass von der Perspektive eines Beobachters aus moralische Urteile zumindest manchmal auch ohne Verweis auf moralische Tatsachen erklärbar sind, ist erstens nicht verwunderlich – verhält es sich doch auch in den Naturwissenschaften so. Beobachte ich einen Physiker, der aus dem Zeigerausschlag auf die Präsenz überschüssiger Elektronen schließt, glaube aber *ich selbst* nicht an die Existenz von Elektronen, so habe ich ebenfalls die Möglichkeit, das Urteil des Physikers ohne Rückgriff auf die postulierte Elektronentatsache alleine dadurch zu erklären, dass er den Zeigerausschlag *sieht* und dass er an eine bestimmte Theorie *glaubt.* Aber dass es solche Fälle gibt, bedeutet nicht, dass *alle* Fälle so sind: Oft stellt auch das Urteil anderer Personen einen Grund für uns dar, unsere eigenen Urteile zu revidieren, selbst dann, wenn wir nicht schon von vornherein eine Theorie mit ihnen teilen, beispielsweise dann, wenn wir sie für verlässliche Beurteiler der relevanten Sachverhalte halten.

Zweitens, so Sturgeon, ist es nicht wahr, dass wir keine Theorie darüber haben, wie wir moralische Tatsachen erkennen – wir schließen auf ihre Präsenz dadurch, dass wir bestimmte hervorstechende Eigenschaften von Situationen wahrnehmen, und wir beurteilen Menschen dann als moralisch gut, wenn sie ihre moralischen Urteile auf die gleichen Eigenschaften von Situationen gründen. Mit diesem Argument lässt sich Sturgeon jedoch auf ein gefährliches Spiel ein, sind diese hervorstechenden Eigenschaften doch sicherlich nicht-moralische Eigenschaften, die zwar für die moralische Falschheit hinreichend sind, die aber unser moralisches Urteil in einer Weise kausal hervorrufen, die ohne Referenz auf die Tatsache zu erklären ist, *dass* diese Eigenschaften für die moralische Falschheit hinreichend sind. Daher muss Sturgeon drittens nachweisen, dass moralische Tatsachen keine *Epiphänomene* sind. Gegen diese These argumentiert er, dass dies zwar logisch möglich ist, dass wir aber moralische Tatsachen zu Erklärungen heranziehen und wir nicht nur eine logische Möglichkeit, sondern positive Argumente gegen solche Erklärungen benötigen, um unsere alltäglichen Erklärungen von Handlungen, in denen moralische Prädikate vorkommen, zu revidieren: Es wäre doch genauso möglich, irreduzible biologische und psychische Tatsachen als reine Epiphänomene zu betrachten und nur physikalische Tatsachen anzuerkennen. Der Moralphilosophie darf keine höhere Erklärungslast aufgebürdet werden als diesen Disziplinen.

Diese Antwort ist freilich nicht ganz überzeugend, da auch der moralische Antinaturalist hier leicht zustimmen könnte: Auch diese Disziplinen müssen sich daraufhin untersuchen lassen, ob sie entweder reduktive Definitionen anbieten können oder ob sie die Rede von der Erklärungskraft spezifisch biologischer oder psychischer Tatsachen aufgeben müssen. Zudem können die Psychologie und die Biologie möglicherweise auf Mechanismen verweisen, die zeigen, *wie* wir die ihnen spezifischen Tatsachen wahrnehmen – Sturgeons faktisches Eingeständnis, dass moralische

Urteile durch die Wahrnehmung nicht-moralischer, hervorstechender Eigenschaften erklärt werden, scheint dem Epiphänomenalismus mehr Raum zu geben, als er in diesen anderen Disziplinen hat.

## Eine Kohärenztheorie moralischer Rechtfertigung

Aber selbst dann, wenn man akzeptiert, dass die erklärende Rolle moralischer Tatsachen ein Grund dafür ist, von solchen Tatsachen auszugehen, so kann dies doch nur dann ein wirklich konklusiver Grund sein, wenn die Akzeptanz solcher Tatsachen nicht mit inakzeptablen epistemologischen und metaphysischen Konsequenzen einhergeht.

Falls moralische Tatsachen nicht-reduzible natürliche Tatsachen sind, stellt sich die Frage, wie wir Wissen von ihnen erlangen können. In diesem Fall können sie nämlich nicht einfach aus den nicht-moralischen natürlichen Tatsachen abgeleitet werden, wie dies eine reduktionistische Theorie annimmt – es droht also wieder der Einwand Mackies, dass eine eigene Form moralischer Tatsachen eine eigenständige, »seltsame« Erkenntnisform benötigen würde.

David Brink, der letzte Vertreter des Naturalismus in dieser Reihe, versucht dieses Argument dadurch zu entkräften, indem er erstens bestreitet, dass die »normale« Erkenntnis nicht-moralischer Zusammenhänge so funktioniert, wie es der Irrtumstheoretiker annehmen muss, um im Vergleich dazu moralische Erkenntnis seltsam zu nennen. Er argumentiert zweitens dafür, dass nicht-moralische Erkenntnis besser mit Hilfe einer »Kohärenztheorie« der Erkenntnis verstanden werden kann, und drittens dafür, dass sich moralische Erkenntnis ohne weitere Probleme in eine solche Kohärenztheorie einfügen lässt. Damit stellt sich heraus, so Brink, dass moralische Erkenntnis keine »besonderen« Erkenntnisfähigkeiten benötigt.

Zunächst muss für dieses Argument ein kurzer Exkurs in die Erkenntnistheorie unternommen werden. Für jede unserer Überzeugungen, sei sie moralisch oder nicht-moralisch, stellt sich die Frage, wodurch sie gerechtfertigt ist, denn nur gerechtfertigte Überzeugungen (im Gegensatz zu zufälligerweise richtigen Annahmen) können den Anspruch erheben, Erkenntnis zu sein. Bringen wir eine Rechtfertigung für eine Überzeugung vor, so handelt es sich zumeist um eine Behauptung, also wiederum um etwas, das eine *weitere* Überzeugung ausdrückt. Auch wenn wir uns natürlich nicht für jede unserer Überzeugungen einer Rechtfertigung bewusst sind, so könnte man dennoch sagen, dass eine Überzeugung nur dann gerechtfertigt sein kann, wenn wir uns zumindest potenziell eine andere Überzeugung bewusst machen können, die sie rechtfertigt.

Aber das würde wiederum heißen, dass jede Überzeugung immer nur dann gerechtfertigt ist, wenn auch die Überzeugungen gerechtfertigt sind, die sie rechtfertigen, und so weiter – so dass wir nie an ein Ende kommen, wenn wir wissen wollen, ob etwas konklusiv, endgültig gerechtfertigt ist oder nicht. Daher muss die Kette der Rechtfertigungen – so ein klassischer Gedanke – irgendwann an ein Ende kommen, und zwar bei einem »fundamentalen« Element, das eine Überzeugung rechtfertigt, selbst jedoch keine Rechtfertigung mehr benötigt.

Im Falle empirischer Überzeugungen, etwa über die Eigenschaften sichtbarer Dinge, wird oft vorgeschlagen, dass sinnliche Wahrnehmungen solche Elemente sind. Meine Wahrnehmung, dass das Buch grün ist, rechtfertigt meine entsprechende Überzeugung, muss jedoch selbst nicht mehr gerechtfertigt werden. Dementsprechend müssten wir auch bei moralischen Überzeugungen eine Art »Wahrnehmung« besitzen, die sie rechtfertigen, weil sonst die Kette der Rechtfertigungen nicht an ein Ende kommen könnte.

Im Falle, dass nun moralische Objektivität durch einen Vergleich mit der Objektivität der Naturwissenschaften erläutert und ihre Äquivalenz verteidigt werden soll, hilft die Information weiter, dass die fundamentalistische Theorie der Erkenntnis auch im Hinblick auf nicht-moralische Urteile nicht unumstritten ist: So ist unklar, ob überhaupt jemals eine Überzeugung, Wahrnehmung oder ähnliches *selbst-rechtfertigend* sein kann. Überzeugungen können sich nicht selbst rechtfertigen, und Wahrnehmungen rechtfertigen nur dann, wenn die Überzeugung gerechtfertigt ist, dass eine Wahrnehmung einer bestimmten Art eine Überzeugung mit einem bestimmten Inhalt rechtfertigt – die Kette geht also auch hier weiter.

Eine bessere Theorie als solch ein »Fundamentalismus«, so der Vorschlag von David Brink, ist der sogenannte »Kohärentismus«: Um überhaupt wahrzunehmen und zu urteilen, müssen wir immer einen »Hintergrund« von Überzeugungen besitzen. Zu diesem zählen sowohl einfache Überzeugungen über die Welt als auch Überzeugungen darüber, wie bestimmte Überzeugungen gerechtfertigt werden können. Eine einzelne Überzeugung ist also immer nur in Bezug auf ein ganzes Überzeugungssystem gerechtfertigt, in das sie entweder kohärent eingefügt werden kann oder eben nicht. Da natürlich die Rechtfertigung jeder Überzeugung wiederum davon abhängig ist, ob die Hintergrundüberzeugungen selbst (auf die gleiche Weise) gerechtfertigt sind, bedeutet dies, dass eine Überzeugung genau dann gerechtfertigt ist, wenn sie ein *Element eines maximal kohärenten Systems von Überzeugungen* ist.

Dies können wir auch für die Moral akzeptieren: Dass eine Überzeugung moralisch gerechtfertigt ist, bedeutet dann eben nichts anderes, als dass sie Element eines kohärenten Systems moralischer und nicht-moralischer Überzeugungen ist. Dabei muss eine moralische Überzeugung nicht nur mit anderen moralischen Überzeugungen kohärent sein, so dass sich etwa abstrakte moralische Prinzipien und konkrete moralische Urteile über Personen gegenseitig stützen, sondern moralische Überzeugungen müssen auch mit nicht-moralischen Überzeugungen und mit Schlüssen von moralischen Prämissen auf nicht-moralische Schlussfolgerungen kohärent sein.

Ist aber ein solcher Kohärentismus nicht eine Strategie, die den moralischen Realismus untergräbt? Denn alles, was nun eine Überzeugung rechtfertigt, scheint nichts anderes als eine weitere Überzeugung zu sein, und es ist für diese Struktur der Rechtfertigung nicht notwendig, dass diese Überzeugungen an irgendeiner Stelle mit der Realität »in Berührung« kommen. Könnte ein Nonkognitivist, wie etwa Blackburn, der ja auch die Kohärenz unserer moralischen Einstellungen betont (vgl. hier Abschnitt: »Blackburns Quasi-Realismus«, S. 76–97), dieser Strategie nicht ohne weiteres zustimmen? Oder anders gefragt: Kann die Rechtfertigung einer Überzeugung uns gegen den Nonkognitivisten auch darin rechtfertigen, dass diese Überzeugung eine von uns unabhängige *Realität* abbildet?

Brink schlägt zwei Interpretationen dieser Frage vor: Wollen wir wissen, ob es Rechtfertigungen für Aussagen über die Existenz objektiver Tatsachen gibt, die uns die Wahrheit dieser Aussagen *garantieren*, so muss selbst der Realist zugeben, dass es diese nicht gibt. Auch bei nichtmoralischen Aussagen muss jedoch immer zwischen einer Rechtfertigung und einer Wahrheitsgarantie unterschieden werden – wie wir es auch in dem Fall tun, wenn wir zugestehen, dass auch manchmal falsche Überzeugungen gerechtfertigt sein können. Fragen wir jedoch, ob uns Rechtfertigungen dazu verhelfen können, *gerechtfertigt überzeugt* von der Korrespondenz unserer Überzeugungen mit einer von ihnen unabhängigen Realität zu sein, lautet die Antwort des Kohärentismus wiederum einfach: Ja, vorausgesetzt, dass die Überzeugung, *dass* es eine solche Realität gibt, *selbst* Bestandteil einer maximal kohärenten Menge von Überzeugungen ist. Das heißt: Ich kann *gute Gründe* dafür haben, moralischer Realist zu sein, wenn auch keine *Garantie* dafür, dass der moralische Realismus die richtige Position ist.

### Das Sein-Sollen-Problem revisited

Brinks kohärentistische Epistemologie setzt voraus, dass Aussagen über moralische Tatsachen in logischen Beziehungen (etwa in der Beziehung der logischen Implikation) zu Aussagen über nicht-moralische Tatsachen stehen. Aber kann dies überhaupt so sein? Können aus nicht-moralischen Aussagen jemals moralische Aussagen folgen?

Hier zeigt sich natürlich das schon vertraute Sein-Sollen-Problem (vgl. hier Abschnitt: »Moralische Gründe«, S. 37–40). Es scheint intuitiv plausibel, dass aus einer Aussage darüber, wie etwas *ist*, nichts darüber folgt, wie es sein *sollte*. Moralische Tatsachen betreffen nun aber ohne Zweifel die Frage, was wir tun *sollen*. Natürliche Tatsachen betreffen hingegen klarerweise die Frage, wie die Dinge *sind*. Falls jedoch Aussagen über Tatsachen der ersten Art nicht aus Aussagen über Tatsachen der zweiten Art ableitbar sind, scheint es eine »Lücke« zu geben, die nicht nur den Kohärentismus gefährdet, sondern uns auch daran zweifeln lässt, ob es sich bei den beiden Tatsachentypen tatsächlich – wie vom Naturalismus behauptet – um Tatsachen der *gleichen* Art handelt.

Die Sein-Sollen-These kann, so Brink, in einer schwächeren *logischen* Form oder einer stärkeren *semantischen* Form verstanden werden. Die *logische These* besagt, dass keine präskriptiven Schlüsse *alleine aus nicht-präskriptiven synthetischen Urteilen* gezogen werden können, wobei synthetische Urteile all jene Urteile sind, die nicht alleine aufgrund sprachlicher Konventionen wahr sind. Diese These ist durchaus plausibel: Aus der (synthetischen, deskriptiven) Prämisse »H führt zur größten Zufriedenheit aller« folgt nicht rein logisch das präskriptive Urteil »H ist das moralisch Richtige«.

Die *semantische These* besagt hingegen mehr: Sie besagt, dass auch keine präskriptiven Schlüsse aus einer *Kombination* von nicht-präskriptiven synthetischen Urteilen und Behauptungen hinsichtlich der *Bedeutung von Ausdrücken* gezogen werden können. Dies scheint auf den ersten Blick falsch zu sein: Wir könnten zu der Behauptung »H führt zur größten Zufriedenheit aller« als weitere Prämisse die Behauptung »›moralisch richtig‹ bedeutet ›führt zur größten Zufriedenheit aller‹« hinzufügen, die, wenn sie wahr ist, die moralische Konklusion folgen lassen würde. Diese zweite Prämisse ist dabei nicht präskriptiv, weil sie ja nicht sagt, dass etwas so oder so sein *soll*, sondern nur eine Tatsachenaussage darüber macht, was die Bedeutung eines Ausdrucks ist. Aus zwei nicht-präskriptiven Prämissen *kann also* eine präskriptive Konklusion folgen.

Eine solche, die Bedeutung festlegende Prämisse, stellt jedoch gerade die Behauptung dar, die Moore (vgl. hier Abschnitt: »Der naturalistische Fehlschluss und das ›Open Question Argument‹«, S. 51–53) angegriffen hat, als er vom naturalistischen Fehlschluss sprach – sein Argument lautet, dass solche Behauptungen nie wahr sein können. Das müssen wir aber natürlich nicht akzeptieren: Moore setzt immer schon voraus, dass eine bestimmte Identifikation von »moralisch gut« falsch ist, ohne zu untersuchen, ob sie nicht im Rahmen unserer sonstigen Überzeugungen gerechtfertigt sein könnte.

Brink behauptet darüber hinaus, dass wir sogar dann, wenn wir beide Formen der Sein-Sollen-These akzeptieren, den Naturalismus retten können. Erstens gibt es auch zwischen unterschiedlichen Typen von Aussagen über natürliche Tatsachen ähnliche Lücken – so sind zum Beispiel biologische oder psychologische Aussagen nicht aus physikalischen Aussagen deduzierbar (weil wir es hier möglicherweise ebenfalls mit Relationen der Supervenienz zu tun haben). Das bedeutet, dass es auch hier keine analytischen Beziehungen der Bedeutung zwischen unterschiedlichen Beschreibungen von Eigenschaften gibt. Dennoch akzeptieren wir, dass biologische Eigenschaften letztlich nichts anderes sind als Konstellationen physikalischer Eigenschaften. Zweitens kann es durchaus Beziehungen zwischen präskriptiven und nicht-präskriptiven Aussagen geben, vorausgesetzt, dass wir annehmen, dass es wahre Prämissen gibt, die eine *Brücke* zwischen deskriptiven und präskriptiven Aussagen bilden: »Aus der nicht-präskriptiven Aussage n folgt die präskriptive Aussage p.« Ein Beispiel für eine solche Prämisse wäre etwa: »Daraus, dass etwas die Zufriedenheit aller steigert, folgt, dass es moralisch gut ist.« Die Sein-Sollen-These besagt zwar, dass solche Aussagen niemals wahr sein können – aber dies sollte wiederum gerade in Frage stehen: Wenn das beste und kohärenteste System von Überzeugungen die Annahme enthält, dass aus der Tatsache, dass jemand ein unschuldiges Wesen ohne Vorteil für sich selbst tötet, *folgt*, dass diese Handlung falsch ist, dann können wir solch eine »Brückenaussage« dazu benutzen, um moralische aus nicht-moralischen Aussagen zu folgern. Geben wir das zu, so ist es eine Frage der *Rechtfertigung*, ob wir jemals solche Aussagen glauben sollten – es sollte nicht einfach akzeptiert werden, dass solche Aussagen falsch sein *müssen*. Solche Aussagen über Folgebeziehungen können uns also helfen, die Sein-Sollen-Lücke zu überwinden, denn sie sind selbst nicht präskriptiv, sondern beschreiben einfach nur Zusammenhänge die Implikation.

## Die Semantik von »moralisch richtig«

In der Einleitung zu diesem Abschnitt (S. 136–138) wurde bereits erwähnt, dass der nicht-reduktionistische Naturalismus den Versuch unternimmt, die *Referenz* moralischer Begriffe naturalistisch zu erläutern, ohne ihre *Bedeutung* nicht-moralisch zu analysieren. Ein Vorteil dieser Strategie gegenüber dem reduktionistischen Naturalismus bestand darin, dass eine Revision der Bedeutung moralischer Ausdrücke vermieden werden kann – wir müssen nämlich nicht annehmen, dass wir nach der Analyse mit »moralisch richtig« eine andere Bedeutung verknüpfen als zuvor.

Schlagen wir diese Strategie – die Strategie des nicht-reduktionistischen Naturalismus – ein, so stellt sich die Frage, woher wir denn wissen können, auf *welche* natürlichen Eigenschaften sich moralische Prädikate beziehen. Aber hier liegt eine Antwort nahe: Wir können die Theorie vertreten, dass Begriffe stets diejenigen Eigenschaften bezeichnen, die *kausal* mit der Verwendung entsprechender Begriffe in einer Sprachgemeinschaft verbunden waren. So wird die Referenz unseres Begriffs »Hund« etwa dadurch festgelegt, dass eine ganze Menge von Vierbeinern mit bestimmten Eigenschaften in der Vergangenheit unserer Sprachgemeinschaft kausal für die Verwendung des Begriffs »Hund« verantwortlich war. Folglich bezeichnen wir mit »Hund« eben einen Vierbeiner mit diesen Eigenschaften.

Dieser Vorschlag hat jedoch ein Problem: Wenn verschiedene Gruppen von Personen verschiedene Dinge als moralisch richtig bezeichnen – etwa unterschiedliche Urteile über religiöse Toleranz fällen –, dann sind vermutlich jeweils unterschiedliche Eigenschaften kausal für diese Begriffsverwendung verantwortlich. Das würde jedoch bedeuten, dass sie mit ihren moralischen Begriffen unterschiedliche Dinge meinen. Ein Streit zwischen diesen Gruppen über das moralisch Richtige würde also nur auf dem *Missverständnis* beruhen, dass sie Begriffe mit der gleichen Bedeutung verwenden. Aber offensichtlich ist in solchen Fällen ein moralischer Streit *kein* Missverständnis. Damit entsteht für den nicht-reduktionistischen Naturalismus das gleiche Problem wie für Jacksons Naturalismus: Er kann nicht zeigen, dass moralische Uneinigkeit tatsächlich eine Form von Uneinigkeit ist.

Brink beantwortet diesen Einwand auf die folgende Weise: Wenn wir die Referenz eines moralischen Ausdrucks durch die kausale Geschichte festlegen, die zu seiner Verwendung in einer Sprachgemeinschaft gehört, dann müssen wir nicht nur die *tatsächlichen* Kausalbeziehungen, sondern auch *kontrafaktische* Kausalbeziehungen in den Blick nehmen. So können wir darüber diskutieren, welche Prädikate in hypothetischen Fällen in der Vergangenheit von Mitgliedern unserer Sprachgemeinschaft benutzt worden wären, und dies kann uns Einsichten in deren Gehalt ermöglichen. Zudem müssen wir auch offensichtliche Falschanwendungen ausschließen, indem wir den Sprechern die Akzeptanz impliziter Prinzipien zuschreiben, die die Frage klären, welche nicht-moralischen Eigenschaften diejenigen sind, deren Präsenz die Anwendung moralischer Begriffe verursachen *sollte*. Das bedeutet aber nichts anderes, als dass wir schon bei der Festlegung der relevanten Kausalgeschichte wiederum auf eine kohärente Abwägung von Prinzipien und Einzelfällen sowie von tatsächlichen und hypothetischen Urteilen zurückgreifen müssen, wie sie für moralisches Nachdenken insgesamt notwendig ist. Zudem sollten wir nicht nur die Kausalgeschichte betrachten, sondern den Sprecherinnen und Sprechern auch die Intention unterstellen, moralische Begriffe *im bis dato üblichen Sinne* zu verwenden, wenn wir die Referenz dieser Begriffe festlegen. Im Falle moralischer Uneinigkeit ist *diese* Intention meist gegeben. Zudem gibt es meist eine Erklärung dafür, wieso die andere Person Prinzipien und hypothetische Fälle anders und möglicherweise fehlerhaft abwägt, so dass wir auch in solchen Fällen immer noch von einer im relevanten Sinne *gleichen* Verwendung ausgehen können.

## Zusammenfassung

Der Naturalismus muss sich immer nach der Richtigkeit und Möglichkeit entweder der Reduktion oder einer nichtreduktiven Identität fragen lassen, den Externalismus in irgendeiner Form rechtfertigen und zeigen, wie moralische Tatsachen als natürliche Tatsachen erkannt werden können.

Dabei sehen sich alle drei besprochenen Formen des Naturalismus großen Schwierigkeiten gegenüber: Sturgeon muss sich vorwerfen lassen, dass er den Sinn moralischer Ausdrücke zu stark revidiert, um seine Theorie weiter als Analyse gelten lassen zu können. Gegen den moralischen Funktionalismus sprechen das Problem der Eindeutigkeit der Analyse und der Einwand, dass die Idee der spezifischen Weise, moralische Überzeugungen zu haben, ihren naturalistischen Gehalt in Frage stellt. Gegen den Cornell-

Realismus spricht schließlich Harmans Einwand des Epiphänomenalismus und das Argument, dass die Festlegung der Referenz nicht so erfolgen kann, dass verschiedene moralische Überzeugungen noch als Überzeugungen hinsichtlich des gleichen Gegenstands verständlich bleiben. Brink hat schließlich mit semantischen Einwänden und dem Sein-Sollen-Problem zu kämpfen.

# 7 Moral aus Gründen – Kontraktualismus und Konstruktivismus

## Moral und Gründe

Moralische Pflichten und Werte sind nicht die einzigen Phänomene, in Bezug auf die wir davon sprechen, dass sie praktisch relevant sind. Wir kennen viele Hinsichten, in denen die Existenz bestimmter Sachverhalte für oder gegen etwas spricht. Wenn ich den Fünfuhrzug erreichen will, der Bahnhof zehn Minuten entfernt ist und es jetzt Viertel vor fünf ist, dann *sollte* ich jetzt losgehen oder, anders gesagt, ich habe einen *Grund*, jetzt loszugehen. Die *Tatsache*, dass es soundsoviel Uhr ist, *ist* unter den gegebenen Bedingungen ein Grund für mich. Es gibt zahlreiche Arten praktischer, logischer und epistemischer Gründe (und vielleicht noch viele andere mehr), die nicht moralisch sind und die uns dennoch mit einem normativen Anspruch entgegentreten, weil sie die Frage betreffen, was wir tun oder glauben sollen. Diese Gründe scheinen außerdem ganz und gar nicht mysteriös zu sein. Wieso sollten wir also nicht versuchen, die Geltungskraft moralischer Tatsachen soweit wie möglich als eine Unterart der Kraft solcher Gründe zu begreifen?

Wählen wir diese Strategie, so kann zunächst ein Internalismus hinsichtlich von Gründen akzeptiert werden:

> **(Internalismus der Gründe)**: Für jedes rationale Subjekt S gilt: Die Tatsache, dass Handlung H moralisch richtig ist, etabliert einen Grund für S, H zu tun.

Falls wir diese These akzeptieren und falls wir annehmen, dass der Begriff eines Grundes weniger problematisch ist als der einer moralischen Pflicht oder eines moralischen Werts, kann der Begriff der Moral als Unterart einer bereits bekannten Kategorie des Normativen verstanden werden.

Sind Gründe aber tatsächlich so unproblematisch? Auch bezüglich von Gründen stellen sich wieder die gleichen Fragen wie bezüglich der Moral: Sind sie *objektive Gegebenheiten* oder drückt die Aussage, dass X ein Grund für Y ist, einfach nur eine zustimmende *Haltung* gegenüber der Disposition aus, mit Y auf X zu reagieren? Wissen wir *a priori*, dass Gründe rationale Personen motivieren? Wie können wir Gründe erkennen? Auch wenn diese Fragen nicht leicht zu beantworten sind, so ist der Perspektivwechsel auf Gründe dennoch hilfreich. Denn anders als bei der relativ abstrakten Rede von »moralischen Tatsachen« wissen wir besser, wodurch wir Gründe erkennen: nämlich durch rationales Überlegen. Gründe sind das, was wir, falls wir rational sind, als ausschlaggebenden Faktor für unsere Überzeugungen und unser Handeln akzeptieren.

### Konstruktivistische Strategien

Wie hängt aber nun der Begriff des vernünftigen Handelns mit der Analyse moralischer Urteile zusammen? Zunächst lässt sich festhalten, dass eine Analyse moralischer Urteile nur dann das eingangs geschilderte Problem der praktischen Relevanz der Moral lösen kann, wenn sie erläutern kann, wie moralische Urteile mit den Gründen zusammenhängen, die wir für Handlungen haben können.

Nun sind offensichtlich nicht alle praktischen Gründe für die Moral relevant. Wir haben beispielsweise zahlreiche Gründe für Handlungen (etwa Gründe der instrumentellen Vernunft), bei denen uns die Moral weder verbietet noch vorschreibt, diese Handlungen auszuführen. Moralische Urteile können also nicht einfach Aussagen über praktische Gründe im allgemeinen sein, sondern sie sind Aussagen über eine *besondere Klasse* von praktischen Gründen. Zu dieser Klasse, so könnte man vielleicht vermuten, zählen beispielsweise all jene Gründe, die für alle Menschen, unabhängig von ihren Wünschen, gültig sind, die ihre Handlungen im Hinblick auf andere Personen betreffen und die zugleich Gründe für diese anderen Personen sind, diese Handlungen von ihnen einzufordern oder ihre Unterlassung zu verlangen. Moralische Urteile sind also Urteile darüber, welche praktischen Gründe wir haben, die in diese Klasse fallen.

Eine konstruktivistische Strategie geht nun davon aus, dass zumindest für einige moralische Gründe gilt, dass wir wahre und falsche Urteile über diese Gründe fällen können. Das ist deshalb der Fall, weil es ein *Verfahren* gibt, mit dem wir Prinzipien konstruieren können, die bestimmte Gründe generieren, ein Verfahren, das uns *garantiert*, dass die so generierten Gründe *tatsächlich* Gründe für uns darstellen. Wir können – um ein vereinfachtes Beispiel zu wählen – überlegen, welche Normen wir fair fänden, wenn wir in den Schuhen anderer stecken würden. Ist eine Handlung nach solchen Normen für uns geboten, so wissen wir, dass wir einen moralischen Grund haben, diese Handlung auszuführen. Konstruktivistische Strategien entwickeln also ein *Verfahren* oder einen *Standpunkt*, von dem aus Prinzipien entwickelt werden können, die *notwendigerweise* moralisch gültig sind. Dabei lassen sich zwei Strategien voneinander unterscheiden: Eine *beschränkte* Strategie geht davon aus, dass wir vor unseren moralischen Überlegungen bereits wissen, was es heißt, dass ein Urteil über nicht-moralische, praktische Gründe wahr ist, und leitet aus diesen *allgemeinen, nicht-moralischen* Gründen ab, welche *moralischen* Gründe wir haben. Eine solche beschränkte Strategie findet sich etwa bei Thomas Scanlon und David Gauthier. Die Alternative dazu ist eine *basale Strategie*, die ohne Rückgriff auf substanzielle Annahmen über Gründe nur anhand einer formalen Charakterisierung eines bestimmten Standpunktes erläutert, was moralisch geboten ist. Eine basale Strategie, wie sie von Christine Korsgaard vertreten wird, nimmt an, dass wir, falls wir *überhaupt* praktische Gründe haben, auch zugleich spezifische moralische Gründe haben.

Konstruktivistische Strategien, die in ihren ursprünglichen Varianten nur die Vernunft des jeweils moralisch denkenden Subjekts in Anspruch nehmen, können schließlich *intersubjektivistisch* erweitert werden. Entsprechende Theorien nehmen an, dass die Funktion, die praktische Vernunft im Rahmen des Nachdenkens individueller Subjekte einnimmt, gar nicht ohne eine Perspektive auf den zwischenmenschlichen *Austausch von Argumenten* voll verstanden werden kann. Nach dieser Sichtweise konstituieren die Verfahren *rationaler Diskurse* die Moral: Dies ist die *Diskurstheorie* der Moral.

Konstruktivistische Theorien stellen – zumindest in ihren starken Spielarten – eine genuin eigenständige Option dar, die sich zwischen Subjektivismus und Objektivismus bewegt: Mit dem Subjektivismus teilen Vertreter dieser Richtungen die Annahme, dass moralische Tatsachen nicht subjektunabhängig sind, sondern vielmehr *nur* dadurch zustande kommen, dass diese Tatsachen *für Subjekte* Gründe sind. Anders als der Subjektivismus nehmen sie jedoch nicht an, dass moralische Aussagen subjekt*relativ* oder von den Präferenzen der Subjekte abhängig sind, sondern dass entweder die Struktur der menschlichen Vernunft oder die Struktur rationaler Diskurse oder die Bedingungen intersubjektiver Kooperation festlegen, was für alle als moralischer Grund gelten muss.

Der Vorteil dieser Strategie ist offensichtlich, dass sie moralischen Aussagen objektive Wahrheit zuschreiben kann, ohne auf metaphysisch problematische »moralische Tatsachen« zu verweisen. Zudem muss sie – anders als der Realismus – nicht abstrakt auf irgendwelche Tatsachen verweisen, sondern kann auch erklären, *wieso* die angenommenen Tatsachen moralische Tatsachen sind. Der Grund dafür liegt darin, dass sie das Ergebnis einer bestimmten Anwendung der praktischen Vernunft sind.

Schließlich scheint dem Konstruktivismus auch die Verbindung von Kognitivismus und Internalismus leichter zu gelingen als dem klassischen Realismus, da die moralischen Tatsachen – wie beim Subjektivismus – »im Subjekt«, wenn auch nicht in kontingenten Eigenschaften einzelner Subjekte, doch in den strukturellen Eigenschaften einer Fähigkeit, die allen Subjekten zukommt, begründet liegen und eine Verbindung zur Motivation daher leichter zu ziehen scheint. Dennoch muss auch eine solche Theorie begründen, wie ein kognitivistisch verstandenes Tatsachen-Urteil motivieren kann. Diese Theorie kann zudem den Eindruck vermeiden, dass moralische Gesetze uns »von außen« verpflichten und unsere Intuition aufnehmen, dass Moral auch immer etwas damit zu tun hat, dass *wir* uns Normen unterordnen. Zugleich bleibt dabei jedoch der kognitivistische und objektivistische Charakter des Realismus erhalten.

Die Strategie besteht also in einer kognitivistischen, objektivistischen und internalistischen Herangehensweise. Dies führt dazu, dass solche Positionen die Hume'sche Theorie der Motivation ablehnen müssen. Vorausgesetzt, dass moralische Urteile Aussagen darüber sind, was rationalerweise nicht bestritten werden kann, kann der Gehalt solcher Aussagen ein Gegenstand wahrheitsfähiger Überzeugungen sein. Vorausgesetzt, dass entsprechende Urteile rationale Personen (ohne weiteres) motivieren, kann daher nicht gelten, dass Überzeugungen niemals motivieren: Die Hume'sche These ist also falsch.

Sowohl die Objektivität als auch die praktische Relevanz moralischer Urteile sind für konstruktivistische Positionen stark von dem Begriff der Vernunft abhängig – das unterscheidet sie beispielsweise von sogenannten Theorien der Beurteilerabhängigkeit (vgl. hier Abschnitt: »Sind moralische Tatsachen ›beurteilerabhängig‹?«, S. 189–192). Nicht das, was die Menschen, *wie sie sind*, glauben, und auch nicht das, was sie unter *idealen Umständen* glauben würden, sondern das, was in einem bestimmten Verfahren oder von einem bestimmten Standpunkt aus *als vernünftig erwiesen* werden kann, macht dem Konstruktivismus zufolge den Gehalt der Moral aus.

## Kontraktualismus

Ob der Konstruktivismus eine eigenständige Option darstellt, hängt also davon ab, wie stark die Rolle ist, die der Vernunft bei der Konstitution der Wahrheit moralischer Urteile zukommt. Eine erste Option (die »extrem beschränkte Sichtweise«) besteht darin, anzunehmen, dass moralische Gründe einfach diejenigen ganz allgemeinen praktischen Gründe sind, die in einer bestimmten *Handlungssphäre* – dem sozialen Handeln – letztlich die *besten* Gründe sind. So könnte man zum Beispiel vermuten, dass moralische Regeln diejenigen Regeln sind, von denen wir begründeterweise von einem unparteiischen Standpunkt aus *wollen würden*, dass sie das soziale Leben auch tatsächlich regeln. Wir könnten zu zeigen versuchen, dass jede Person auch von ihrem je individuellen Standpunkt aus Gründe hat, zu wünschen, dass das soziale Leben von solchen Regeln bestimmt wird. Jede Person könnte daher, soweit sie rational ist und dies weiß, dazu motiviert sein, sich an diese Regeln zu halten. In diesem Fall wäre die Aussage »X ist moralisch geboten« auf die Aussage »X wird von Regeln geboten, von denen wir von einem unparteiischen Standpunkt (und damit letztlich auch von unserem jetzigen Standpunkt) aus rationalerweise wünschen sollten, dass sie das soziale Leben bestimmen« zurückzuführen. Dies ist die Strategie von »kontraktarianischen« *Kontraktu-*

*alisten* wie Gauthier: Gauthier nimmt an, dass *alle* Personen, unabhängig von ihren Präferenzen, gute Gründe dafür haben, von ein und denselben Regeln zu wünschen, dass sie das soziale Leben bestimmen. Daher gibt es objektiv richtige Regeln, die uns zugleich motivieren – sofern wir rational sind.

Diese Strategie ähnelt in gewisser Weise reduktionistischen Strategien: Sie setzt das moralisch Gebotene zwar nicht (wie etwa Railton) mit dem gleich, was wir unter bestimmten Bedingungen wünschen *würden*, sondern mit dem, was wir unter bestimmten Bedingungen rationalerweise wünschen *sollten*. Auf diese Weise wird versucht, moralische Gründe durch nicht-moralische Gründe zu erklären, deren normative und motivierende Kraft als unproblematisch vorausgesetzt wird: Die Tatsache, dass wir etwa einen Grund haben, zu versuchen, unsere Vorstellungen davon, wie die Dinge idealerweise wären, so weit wie möglich zu verwirklichen, erfordert keine Erklärung. Die Wahrheit des Satzes, dass wir – gegeben unsere dementsprechenden Vorstellungen und Wünsche – Gründe haben, ist ebenfalls unproblematisch.

Eine ähnliche, jedoch nicht so beschränkte Strategie findet sich bei »konstruktivistischen« Kontraktualisten wie Scanlon oder John Rawls. Scanlon nimmt etwa nicht an, dass unsere individuellen praktischen Interessen uns direkt zur Moral führen. Er geht vielmehr bereits von einem bestimmten *moralischen Standpunkt* aus: Der Gehalt der Moral ist für ihn dadurch bestimmt, dass es in moralischem Überlegen darum geht, welche Handlungen mit Prinzipien kompatibel sind, deren allgemeine Geltung niemand vernünftigerweise zurückweisen kann. Der dabei vorausgesetzte moralische Standpunkt, der keineswegs mit unseren »allgemeinen« individuellen Interessen zusammenfallen muss, den wir aber *nicht rational ablehnen* können, legt den Gehalt moralischer Aussagen fest. Der Sinn solcher Aussagen besteht also darin, zu kennzeichnen, welche Handlungen mit einem Standpunkt des Zusammenlebens in einer Gemeinschaft, die von rationalen Prinzipien geleitet wird, kompatibel oder inkompatibel sind.

Auch hier wird die Bedeutung von moralischen Sätzen *letztlich* durch ihren Bezug auf objektive »Sachverhalte« festgelegt, da die Frage, ob bestimmte moralische Handlungen mit dem moralischen Standpunkt kompatibel sind, als eindeutig beantwortbar vorausgesetzt wird. Moralische Aussagen sind jedoch insofern nicht rein deskriptiv, weil sie nicht eine menschenunabhängige Realität beschreiben, sondern die Frage beantworten, was von einem normativen Standpunkt aus rational gerechtfertigt ist.

Scanlon nimmt zwar an, dass wir normalerweise *auch individuelle Gründe* dafür haben, in dieser Weise zusammenleben zu wollen. Er glaubt jedoch nicht, dass wir diese Gründe alleine auf philosophischem Wege »beweisen« können. Seine kontraktualistische Position setzt also sowohl die *Normativität von Gründen* als auch einen *vorausgesetzten normativen Standpunkt* voraus, die beide zum Verständnis moralischer Urteile unerlässlich sind. Eine verwandte Theorie vertritt Rawls, der einen Standpunkt unparteiischer Vereinbarung von freien und gleichen Personen voraussetzt.

## Kantianischer Konstruktivismus

Die bisher diskutierten Strategien des »beschränkten« Konstruktivismus gehen davon aus, dass die Frage schon beantwortet ist (oder gar nicht sinnvoll gestellt werden kann), was es bedeutet, dass bestimmte praktische Normen objektiv von einem bestimmten Standpunkt aus begründbar sind und weshalb gerade dieser Standpunkt eine verpflichtende moralische Perspektive begründen kann. Die Strategie eines *basalen* Konstruktivismus wird im Kontrast dazu dadurch charakterisiert, dass sie die Frage nach den moralischen Tatsachen nicht auf die Weise beantwortet, dass sie einen bestimmten praktischen Standpunkt *voraussetzt*, sondern dass sie auf einer grundlegenderen Ebene nachzuweisen versucht, dass moralische Gründe für Wesen, die praktische Vernunft haben, in einem gewissen Sinne *rational unausweichlich* sind, dass wir also auch zwingende Gründe dafür haben, den moralischen Standpunkt *einzunehmen*: Unsere praktische Vernunft macht uns notwendigerweise (standpunktunabhängig demonstrierbare) Gründe, moralisch zu handeln, zugänglich.

Als Urahn konstruktivistischer Theorien des basalen Typs gilt Immanuel Kant, obwohl es sehr umstritten ist, ob er überhaupt eine konstruktivistische Theorie vertreten hat. Doch zumindest in der *Grundlegung zur Metaphysik der Sitten* kann Kant prinzipiell so interpretiert werden. Er argumentiert dort, dass wir nur dann von Moral sprechen können, wenn es sich dabei um Normen handelt, die *kategorisch* gültig sind – die also uns unabhängig von unseren jeweiligen Umständen binden. Soweit wir jedoch die Gültigkeit moralischer Urteile entweder von der Existenz von

*Haltungen oder Gefühlen* oder von *Tatsachen*, die von uns selbst unabhängig sind, abhängig machen, kann diese kategorische und autoritative Gültigkeit nicht erklärt werden: Ist die Moral von Gefühlen oder Haltungen abhängig, ist sie eben nicht objektiv. Ist sie von objektiven Tatsachen abhängig, so ist unklar, wieso gerade *diese* Tatsachen für uns motivierend und verbindlich sein sollten. Um dies zu erklären, müssen wir entweder eine empirische Motivation voraussetzen (jedoch dann den kategorischen Charakter der Moral aufgeben) oder aber eine intrinsische Disposition der Vernunft postulieren, uns zur Konformität mit den moralischen Tatsachen zu motivieren. Dann aber geht die moralische Bindung letztlich nicht von den Tatsachen, sondern von der Vernunft aus. Da die beiden Strategien des Subjektivismus und Realismus scheitern, so scheint Kant zu argumentieren, müssen wir die Verbindlichkeit der Moral nicht aus empirischen Motivationen oder externen Tatsachen heraus, sondern aus der *Struktur eines freien Willens* selbst ableiten: Ein freier Wille ist ein Wille, der sich selbst ein Gesetz gibt, der also Normen für sich selbst aufstellt. Nach Kant ist diese Selbstgesetzgebung oder *Autonomie* aber nicht eine kontingente Tätigkeit eines empirischen Willens, sondern sie ist identisch mit der reinen praktischen Vernunft, die das Wollen von Individuen zumindest potenziell leiten kann.

Soweit das Wollen von einer wirklich autonomen Selbstbestimmung geleitet wird, dürfen die allgemeinen Normen, die sich aus dieser Selbstbestimmung ergeben, nicht von den empirischen Umständen abhängen. Der freie Wille muss sich diese Normen unabhängig von diesen Umständen *selbst* geben. In diesem Fall hat er jedoch keine andere Grundlage als *die Form* einer allgemeinen kategorischen Norm selbst. Die Form einer solchen Norm ist ihre Allgemeinheit und Notwendigkeit der Geltung. Daher, so könnte man Kants Argument kurz zusammenfassen, ist nur *der* Wille ein freier Wille, der sich Gesetze gibt, die durch Verallgemeinerbarkeit und unbedingte Gültigkeit ausgezeichnet sind – und dies ist der berühmte »kategorische Imperativ«: »[...] handle nur nach derjenigen Maxime, durch die du zugleich wollen kannst, daß sie ein allgemeines Gesetz werde« (Kant 1999 [1785]: 45).

Rekonstruieren wir Kants Argument auf diese Weise, so zeigt sich, dass Kant die Gültigkeit (aber vielleicht nicht den Gehalt) moralischer Normen ausschließlich von den Strukturen der menschlichen praktischen Rationalität und Freiheit abhängig machen will. Immer dann, wenn wir uns selbst als frei handelnd verstehen, wenn wir uns also so verstehen, dass *wir* es sind, die darüber entscheiden, welche Gründe für uns bindend sein sollen, können wir als letzten Grund für das Urteil darüber, welche Gründe wir akzeptieren wollen, eben nicht unsere empirischen Motivationen oder externe Tatsachen angeben. Das würde nämlich voraussetzen, dass diese schon *vor* unserer Selbstbestimmung Gründe für uns darstellen und dass wir daher unsere Gründe gerade doch nicht selbst wählen. Natürlich *können* wir uns einfach von unseren Bedürfnissen oder Begierden leiten lassen und unbegründet handeln. In diesem Fall sind wir aber letztlich nicht im vollen Sinne frei. Im Kontrast dazu können wir, als freie Wesen, aber auch *rational* eine Wahl dahingehend treffen, welche Gründe für uns verbindlich sein sollen, wenn wir darauf reflektieren, welche möglichen Gründe *überhaupt* von einem solchen Standpunkt der Freiheit aus für uns verbindlich sein können. Kant nimmt dabei an, dass uns die Reflexion von diesem Standpunkt der Freiheit aus – den wir nicht einnehmen müssen, den wir aber Grund einzunehmen haben, wenn wir uns selbst als rational und frei handelnd verstehen wollen – Kriterien dafür an die Hand gibt, zwischen »Maximen« zu entscheiden, die in diesem Sinne volle Gründe reflektieren, und solchen, die letztlich mit dem Standpunkt der Reflexion von Freiheit aus inkompatibel sind und die daher nicht moralisch erlaubt sind.

Ohne die Diskussion um Kants Ethik – zu der ein großer Teil der modernen Moralphilosophie direkt oder indirekt Stellung bezieht – ausführlich nachvollziehen zu können, muss der Vollständigkeit halber aber darauf aufmerksam gemacht werden, dass es schon bezüglich der »Grundlegung«, aber insbesondere im Lichte von Kants Aussagen in der späteren »Kritik der praktischen Vernunft«, umstritten ist, ob es sich bei Kant nicht doch eher um einen moralischen Realisten handelt. Dort spricht Kant von dem Bewusstsein des moralischen Gesetzes als einem »Faktum der Vernunft«, was viele Interpreten zum Anlass genommen haben, ihm eine realistische Position zuzuschreiben. Diese Debatte dahingestellt, wirkt die Kantische Ethik bis heute als zentrale Inspiration für konstruktivistische Ansätze.

Die »kantianischen« Strategien des Konstruktivismus teilen die Annahme, dass die Gültigkeit moralischer Urteile von dem Anspruch der autonomen Selbstgesetzgebung begründet wird, die nach Kant die reine praktische Vernunft ausmacht. Falls dieses Argument Erfolg hat, rechtfertigt es eine im weitesten Sinne kognitivistische Position (allerdings ohne externe Wahrheitsbedingungen), die zugleich die praktische Relevanz der Moral erklären kann und die das Problem der Unterscheidung zwischen Sollen und Sein auf ungefährliche Weise auflöst – folgen doch aus Aussagen darüber, was für rationale Wesen notwendig ein Grund ist, auch Aussagen darüber, was wir tun sollten. Wie dieser Anspruch jedoch genau zu verstehen ist, ist ebenso umstritten wie die Frage, ob es tatsächlich gehaltvolle moralische Standards gibt, die wir *alleine* aus unserer Autonomie ableiten können. Sollte es kantianischen Strategien gelingen, diese Fragen zu klären, so können sie für sich beanspruchen, Objektivität (aufgrund des kategorischen Charakters der Vernunft) und praktische Relevanz (aufgrund der Verbindlichkeit des Anspruchs unserer autonomen praktischen Vernunft) miteinander zu verbinden.

## Korsgaard

Die wichtigste Vertreterin einer modernen konstruktivistischen Moralbegründung, die sich an Kant anlehnt, ist Christine Korsgaard. Korsgaard nimmt an, dass es eine notwendige Eigenschaft von moralischen Überlegungen ist, dass sie uns eine bestimmte Art von Gründen an die Hand geben, genauer gesagt, autoritative Gründe – also Gründe, die einen Anspruch auf Handeln erheben, der uns gegenüber eine bestimmte *Autorität* hat. Doch woher kommt diese Autorität? Diese Frage kann nach Korsgaards Ansicht weder der Realismus noch der Nonkognitivismus beantworten. Bezüglich des Realismus unterscheidet Korsgaard zwei mögliche Strategien voneinander: Einerseits könnten wir die Autorität der Moral auf eine bestimmte *objektive Quelle* zurückführen, so wie etwa Railton das moralisch Gute auf eine bestimmte soziale Perspektive zurückführt. Doch dann stellt sich die Frage, wieso diese Perspektive, wieso diese Kriterien für uns Autorität haben sollten. Um diese Frage zu beantworten, können wir nicht noch einmal die gleiche Perspektive einführen, wir müssen also bereits eine *andere* Antwort auf die Frage nach der Autorität besitzen. Andererseits könnten wir, wie etwa Moore, annehmen, dass die Autorität des Moralischen schlichtweg aus dem spezifischen Charakter irreduzibler Tatsachen herrührt und nicht auf eine weitere Quelle zurückgeführt werden kann. Dies ist jedoch keine Antwort auf unsere Frage. Der moralische Realist *behauptet* einfach nur, dass bestimmte Tatsachen oder Handlungen diese Qualität haben, er zeigt uns jedoch nicht auf, aus welchem Grund er gerade diesen, aber nicht anderen Handlungen diese Qualität zuordnet.

Korsgaard präsentiert ein zweites Argument gegen »Theorien reflexiver Zustimmung«, womit sie die an Humes Antirealismus anschließenden Theorien meint, die die Erklärungsrichtung des Realismus umkehren. Anstatt erklären zu wollen, wieso Personen durch das Gute motiviert werden, fragen solche Theorien danach, wann unsere Motivationen das Prädikat »gut« erklären. Im Prinzip fallen unter diese Kategorie also sowohl expressivistische, subjektivistische als auch schwach kognitivistische Theorien der Moral. Diese Theorien gehen davon aus, dass moralische Prädikate entweder beschreiben oder ausdrücken, welche unserer moralischen Gefühle wir *reflexiv befürworten* können. Dabei, so rekonstruiert Korsgaard letztlich die Frage nach der moralischen Haltung (vgl. hier Abschnitt: »Das Problem der Identifikation der moralischen Haltung«, S. 70–71), entsteht jedoch das Problem, dass eine solche Theorie entweder explizit macht, welche unserer moralischen Gefühle wir *moralisch* befürworten können – und damit schon den moralischen Standpunkt voraussetzt oder aber nur bestimmt, welche unserer moralischen Gefühle wir *nicht-moralisch* befürworten. Im zweiten Fall gibt uns eine solche Theorie aber nur eine Erklärung für unser jeweils gegebenes moralisches Handeln, die nicht erläutern kann, ob dieses Handeln auch richtig ist. Der erste Vorschlag – moralisch gut sind die moralischen Gefühle, die wir vom Standpunkt unserer moralischen Gefühle aus befürworten können – birgt aber die Lösung für das Problem, wenn er nur richtig gefasst wird.

### *Die erste Lösung: Praktische Identität*

An diesem Punkt gilt immer noch: Unter der Voraussetzung, dass wir von der Idee ausgehen, dass unsere reflexiven moralischen Urteile unsere moralischen Haltungen ausdrücken, kann das moralische Problem nur dann gelöst werden, wenn wir zeigen, wie diese Haltungen *Autorität* bekommen können. Das heißt, es muss *objektive* Kriterien geben, die eine reflexive Zustimmung zu unseren Haltungen erfüllen muss, damit sie ausreichend ist, um solch eine Autorität zu begründen. Mit dieser Prämisse bewegen wir uns inmitten konstruktivistischen Terrains, wird doch hier eine Tätigkeit – die Tätigkeit der Reflexion – als konstitutiv für die Moral gesehen.

Das Problem der Autorität besteht nur für Wesen, die nicht notwendigerweise unmittelbar von ihren Impulsen geleitet werden, sondern reflexive Haltungen gegenüber ihren Impulsen und Gefühlen einnehmen können. Korsgaard geht davon aus, dass die Frage, welche Haltungen wir einnehmen sollen, im Normalfall durch unsere *praktische Identität* beantwortet wird: Personen haben dann eine praktische Identität, wenn sie eine übergreifende Vorstellung davon haben, was für eine Person sie sein wollen. Bestimmte Normen sind dann Teil einer solchen praktischen Identität, wenn sie so maßgeblich für das Selbstverständnis der Person sind, dass diese Person sie nicht nur nicht aufgeben möchte, sondern sie gar nicht aufgeben *kann*, weil sie sich dann nicht mehr als die gleiche Person verstehen könnte. Wir müssen also rationalerweise nach einer Vorstellung davon handeln, wer wir sein wollen, und wir brauchen eine solche persönliche Identität, um *überhaupt* selbstbestimmt handeln und Personen sein zu können.

Folgt nun aber daraus, dass unsere eigene vernünftige Natur uns solche Gründe an die Hand gibt, auch, dass es *bessere und schlechtere* Identitäten gibt? Gibt es auch Gründe dafür, Maximen zu haben, die sich auf *andere Personen* beziehen – denn dies scheint ja der wesentliche Gegenstandsbereich der Moral zu sein? Hier trägt Korsgaard folgendes Argument vor: Haben wir überhaupt kommunikative Beziehungen zu anderen Personen, so können wir diese Beziehungen nur so verstehen, dass das, was die anderen Personen tun oder sagen, ebenfalls Gründe hat, die sich wiederum aus ihrer Identität ergeben. Da wir unsere eigene praktische Vernunft notwendigerweise wertschätzen, müssen wir annehmen, dass unsere eigenen Gründe zumindest manchmal *gute* Gründe sind: Der Wert meiner vernünftigen Natur, den ich ihr notwendigerweise zuschreiben muss, ist daher (aus meiner Sicht) auch ein guter Grund *für andere*, mich etwa nicht zu misshandeln oder zu ermorden. Aber vorausgesetzt, dass meine Vernunft ein guter Grund für andere ist, muss die Vernunft anderer, die ich ihnen zuschreiben muss, um überhaupt mit ihnen zu interagieren, auch ein guter Grund *für mich* sein, bestimmte Handlungen zu unterlassen. Die Tatsache, dass ich nur dann rational handeln kann, wenn ich mir selbst Maximen gebe, die sich aus meiner praktischen Identität speisen, führt also dazu, dass ich meine vernünftige Identität wertschätzen muss. Daraus folgt wiederum, dass ich einen Grund dafür habe, mir nur solche Maximen zu geben, die der Wertschätzung meiner eigenen praktischen Identität *und* der praktischen Identität Anderer nicht widersprechen.

*Die zweite Lösung: Die Konstitution moralischer Akteure*

Ein zweites, später entwickeltes Argument Korsgaards, das letztlich eine relativ ähnliche Struktur aufweist, ist ein *Konstitutionsargument*: Kurz gesagt enthält dieses Argument folgende Schritte: Menschen sind nicht bereits von Natur aus handelnde Subjekte, sie »konstituieren« sich als handelnde Subjekte oder als die »Autoren« ihrer Handlungen erst dadurch, dass sie sich selbst unter bestimmte Normen stellen. Dieses Argument betrifft also nicht die Frage, unter welchen Bedingungen wir Personen sein können, sondern unter welchen Bedingungen bestimmtes Handeln im vollen Sinne *unser eigenes* Handeln ist. Die Idee dahinter lautet, dass es so etwas wie *konstitutive Standards* gibt, die das Handeln einer Person erfüllen muss, damit diese

Person überhaupt als die Autorin ihrer Handlungen gelten kann. Um welche Standards handelt es sich dabei? Es handelt sich dabei um Standards, die unserem Willen eine gewisse *Einheit* geben. Nur dann, wenn das, was wir tun, in einem minimalen Sinne miteinander verknüpft ist, können wir sagen, dass es »hinter« unserem Tun ein Selbst gibt, *dessen* Tun es ist. Nur Prinzipien, die einen rationalen Zusammenhang stiften, machen aus einem »Haufen« von Handlungen die Handlungen *einer* Person. Diese Prinzipien helfen uns dabei, bestimmte Gründe als unsere eigenen Gründe zu identifizieren. Das bedeutet aber auch, dass diese Prinzipien, um überhaupt eine Verbindung stiften zu können, mehr oder weniger allgemein sein müssen. Und an diesem Punkt können wir wieder auf die Konzeption geteilter Gründe zurückgreifen, um zu zeigen, dass wir dann, wenn wir andere so behandeln, dass wir potenziell Gründe mit ihnen teilen können, dazu verpflichtet sind, auch ihre Gründe als Gründe für uns anzuerkennen.

## Einwände und Zusammenfassung

Beide Varianten des Korsgaard'schen Konstruktivismus gehen davon aus, dass eine bestimmte *Tätigkeit*, nämlich die Selbstgesetzgebung bzw. Konstitution, für die Bindungskraft von bestimmten Normen verantwortlich ist, dass aber zugleich nur *bestimmte* Normen ein rationales Ergebnis dieser Tätigkeit sein können. Konstruktivistische Theorien gehen zudem im allgemeinen davon aus, dass »praktische Vernunft« nicht eine ohnehin gegebene Fähigkeit, sondern einen Standpunkt oder einen Status bezeichnet, der die Anerkennung bestimmter normativer Urteile impliziert. Jemand, der praktisch vernünftig (oder eine handelnde Person oder eine Person überhaupt) sein möchte, diese Normen aber nicht akzeptiert, begibt sich in einen Widerspruch.

Die Einwände gegen diese Position lassen sich in zwei Kategorien einteilen: Erstens stehen wir vor einer unglücklichen Alternative. Falls wir den Begriff der »Person« oder die anderen Kategorien so stark fassen, dass sie die Akzeptanz bestimmter Normen *per definitionem* rational machen, dann ist nicht mehr klar, aus welchen Gründen wir eigentlich *wünschen müssen*, gerade *solch* eine Person zu sein – falls wir nicht diese Normen schon als akzeptiert voraussetzen. Fassen wir »Person« jedoch schwächer, so ist es nicht mehr klar, ob wir tatsächlich inkonsistent sind, wenn wir diese Normen nicht akzeptieren. Zweitens lässt sich die Frage stellen, ob aus den Normen, die notwendigerweise akzeptiert werden müssen, um praktisch rational oder eine Person zu sein, tatsächlich auch *moralische* Normen folgen. Es ist beispielsweise unklar, ob aus der abstrakten Forderung, den Wert der Gründe anderer Personen zu akzeptieren, schon relevante moralische Urteile abgeleitet werden können. Selbst dann, wenn wir dies akzeptieren, lässt sich drittens fragen, wieso uns die so zugänglich gemachten Vernunftgründe motivieren sollten – wieso also der Standpunkt, den der Konstruktivismus voraussetzt, für uns praktisch relevant sein sollte. Schließlich kann gefragt werden, ob der Konstruktivismus tatsächlich die kognitivistische Position darstellt, die er zu sein vorgibt: Da der Konstruktivismus zwar moralische Urteile als wahr oder falsch versteht, aber auf keine *unabhängigen* Wahrheitsbedingungen moralischer Urteile verweist, scheint die Lücke zu einer Theorie wie etwa derjenigen Blackburns oder Gibbards nicht so groß zu sein – auch dort geht es darum, welche praktischen Haltungen gerechtfertigt und mit bestimmten anderen Haltungen kompatibel sind. Der Konstruktivismus fügt dem Expressivismus nur die These hinzu, dass bestimmte Haltungen *unausweichlich* sind. Doch wird er damit schon zu einer Form des Kognitivismus?

## Die Diskursethik

Diskursethische Ansätze stellen eine andere Form des basalen Konstruktivismus dar. Solche Ansätze wurden vor allem von Karl-Otto Apel und Jürgen Habermas entwickelt. Im folgenden soll sich auf Habermas' Theorie beschränkt werden.

Habermas lehnt sowohl eine realistische Theorie, die moralische Urteile genauso wie deskriptive Urteile als Beschreibung von Sachverhalten versteht, als auch den Emotivismus ab: Während wir deskriptive Aussagen primär im Hinblick auf die Erfüllung der Wahrheitsbedingungen und expressive Äußerungen im Hinblick auf die Authentizität des Ausdrucks beurteilen müssen, müssen wir moralische Aussagen auf ihre *Rechtfertigbarkeit* hin überprüfen – die nicht das gleiche ist wie die Wahrheit deskriptiver Aussagen. Dennoch erheben moralische Aussagen einen »wahrheitsanalogen« Anspruch.

Die Rechtfertigbarkeit moralischer Urteile bestimmt Habermas dabei nicht als etwas, das Subjekte jeweils für sich allein untersuchen können, sondern als die Möglichkeit der »Einlösung von Geltungsansprüchen in Diskursen«. Das bedeutet, dass die Frage danach, ob eine moralische Norm gültig ist, sich danach bemisst, ob wir den *Anspruch, sie sei gültig,* in Diskursen mit anderen Personen *durch Argumente einlösen* können.

Im Hinblick auf solche Begründungsdiskurse unterscheiden Habermas und Apel nun zwei Arten von möglichen Widersprüchen, nämlich logische und performative Widersprüche. Während logische Widersprüche dann auftreten, wenn wir Urteile fällen, die sich in ihrem *Gehalt* logisch widersprechen, treten performative Widersprüche dann auf, wenn wir Urteile fällen, die sich nicht untereinander widersprechen, sondern die dem Standpunkt widersprechen, der im *Akt* des Urteilens eingenommen wird. So ist beispielsweise der Satz: »Die Katze liegt auf der Matratze, und ich glaube, dass sie nicht dort liegt« ein performativ widersprüchlicher Satz. Zwar besteht kein *logischer Widerspruch* zwischen beiden Teilen der Behauptung (beides kann tatsächlich gleichzeitig der Fall sein), durch das erste Urteil lege ich mich jedoch auf etwas fest, das mit der Festlegung inkompatibel ist, die ich im zweiten Urteil treffe.

Wollen wir moralische Normen begründen, so können wir eine solche Begründung nur dann für möglich erachten, wenn wir bestimmte Voraussetzungen für Diskurse akzeptieren – wir können beispielsweise nicht so etwas sagen wie: »Nachdem wir Petra und Paul aus dem Gespräch ausgeschlossen hatten, zeigte sich, dass es keine Einwände gegen die Gültigkeit unseres Arguments gab.« Dies wäre ein performativer Widerspruch. Wir können nicht behaupten, dass unsere Norm gut begründbar ist, wenn alle, die die Begründung nicht akzeptieren, nicht zählen. Aus der Tatsache, dass auf mehreren Ebenen solche Regeln für Begründungsdiskurse notwendig sind, zieht Habermas den Schluss, dass es eine moralische Argumentationsregel gibt, die er den »Universalisierungsgrundsatz« nennt: *Eine Norm kann nur dann Zustimmung finden, wenn die Folgen der allgemeinen Befolgung der Norm von allen zwanglos akzeptiert werden können.* Aus dieser Argumentationsregel, so Habermas, ergibt sich schließlich die Grundvorstellung einer Moraltheorie, die besagt, *dass nur die Normen Geltung beanspruchen dürfen, die die Zustimmung aller Betroffenen als Teilnehmer eines praktischen Diskurses finden oder finden könnten.*

Habermas behauptet dabei nicht, dass mit diesen Argumenten eine *Letztbegründung* der Moral möglich wäre, die auch einen moralischen Skeptiker überzeugen könnte, einen Skeptiker, der fragt, wieso wir überhaupt an Diskursen teilnehmen sollten, in denen wir moralische Urteile begründen. Die Diskurstheorie klärt uns vielmehr darüber auf, welche Ansprüche auf Wahrheit und Rechtfertigbarkeit wir in unseren bestehenden moralischen Diskursen erheben. Sobald wir die Moral auf diese Weise verstehen, wissen wir, so Habermas, inwieweit die Ansprüche, die andere Personen erheben, wenn sie moralische Aussagen machen, *objektiv* richtig oder falsch sein können. Auch die Diskursethik gibt uns also ein Verfahren bzw. einen Standpunkt an die Hand, von dem aus sich bestimmte Gründe als zwingend erweisen – nur ist dies nicht der Standpunkt einer einzelnen Person, sondern der Standpunkt einer sich in einem Diskurs befindenden Gemeinschaft.

Als eine im weitesten Sinne kantianische Position ist die

Diskursethik im Prinzip den gleichen Einwänden ausgesetzt wie Kant: Es ist erstens unklar, wieso wir gerade *diesen* Standpunkt wählen sollten und nicht einen anderen – dies gibt Habermas jedoch offen zu. Zweitens ist unklar, ob das abstrakte Diskursprinzip dazu dienen kann, zwischen verschiedenen möglichen Moralsystemen eindeutig zu entscheiden. Auch diesen Einwand erkennt Habermas an: Die Diskursethik kann nicht kontextfrei Moral generieren, sondern immer nur in konkreten Situationen mit konkreten Beteiligten Vorschläge prüfen. Drittens ist schließlich unklar, ob die Diskursethik die internalistische Intuition berücksichtigen kann – und auch hier gesteht Habermas ein, dass die Moral auf eine »entgegenkommende« Sozialisierung angewiesen ist, die aber mit den gesellschaftlichen Prozessen verbunden ist, die Begründungspraktiken notwendig machen: keine echten Diskurse ohne Motivierung. Der Zusammenhang zwischen Moral und Motivation ist also nicht begrifflich garantiert, aber moralische Fragen können überhaupt nur in seinen Diskursen auftreten, an denen Personen teilnehmen, die tendenziell von diskursiven Begründungen auch motiviert werden. Damit gibt Habermas aber letztlich den Internalismus auf.

Schließlich stellen sich noch interne Fragen gegenüber dem Habermas'schen Programm: So ist zum Beispiel nicht völlig klar, ob die Verletzung des Universalisierungsgrundsatzes tatsächlich ein performativer Widerspruch ist, oder ob ideale Diskursbedingungen gar nicht ohne eine bereits moralisch aufgeladene Festlegung dahingehend bestimmt werden können, was akzeptable Machtverhältnisse in solch einem Diskurs sind – insbesondere hier ergibt sich ein Verdacht der Zirkularität, dass Habermas nämlich in die Bestimmung der Regeln »richtiger« Diskurse schon moralische Normen hineinlegen muss, um sie hinterher wieder herausdestillieren zu können.

## Zusammenfassung

Dem Konstruktivismus kann zugestanden werden, dass er uns ein Modell dafür zur Verfügung stellt, wie wir moralische Urteile als wahrheitsfähig und zugleich subjektabhängig begreifen können. Wir können dabei auf metaphysisch »seltsame« Tatsachen genauso wie auf Reduktionsprojekte verzichten und der Intuition recht geben, dass wir uns *selbst* moralische Gesetze geben, aber eben in einer Weise, die keineswegs beliebig oder kulturrelativ ist. Es bleiben jedoch zahlreiche Probleme bestehen, erstens der Verdacht der Zirkularität oder der formalen Leerheit, zweitens die Unklarheit, ob wir die jeweils vorgeschlagene Prozedur oder den entsprechenden Standpunkt wirklich als autoritativ für uns anerkennen müssen, drittens die Frage, ob diese Anerkennung auch notwendigerweise mit einer entsprechenden Motivation verbunden ist, und schließlich viertens die Frage, ob die sich daraus ergebende Moral tatsächlich auch akzeptabel ist. Natürlich haben konstruktivistische Ansätze Vorschläge zur Beantwortung dieser Fragen zu bieten. Sie haben jedoch letztlich mit den gleichen Problemen zu kämpfen wie andere kognitivistische Ansätze auch.

# 8 Moralische Realität jenseits des klassischen Realismus

## Einführung

Eine der zentralen Annahmen in Bezug darauf, was zur Realität gehört, wird vom Nonkognitivismus, der Irrtumstheorie und vom Naturalismus geteilt: Aus der Sicht dieser Positionen liefern uns die Naturwissenschaften die paradigmatischen Beispiele für Tatsachen. Eine Eigenschaft von Tatsachen in diesem Sinne ist unter anderem, dass sie unabhängig von unseren Überzeugungen und von unserer Erkenntnis oder von den Haltungen, die wir zu ihnen einnehmen, existieren. Sie sind, anders gesagt, *objektiv.*

Ob diese Objektivität im Falle *moralischer* Tatsachen gegeben ist, kann man mit guten Gründen bezweifeln: Würde es tatsächlich moralische Tatsachen in einer Welt ohne moralische Einstellungen geben können? Oder sind moralische Tatsachen nicht gerade dadurch gekennzeichnet, dass sie nur insoweit bestehen, als sie zumindest potenziell eine Rolle für moralische Akteure spielen? Diese Rolle zeichnet sich unter anderem darin aus, dass moralische Aspekte von uns wahrgenommen, erkannt und im gleichen Atemzug praktisch relevant werden können.

Wollte man eine kognitivistische Position in der Metaethik einnehmen, die Moores Open-Question-Argument so weit recht gibt, dass sie moralische Tatsachen als prinzipiell unabhängig von nicht-moralischen Tatsachen begreift, die zugleich aber vor einem metaphysischen Nonnaturalismus zurückschreckt, so könnte man versuchen, moralische Tatsachen als Tatsachen zu verstehen, die *nur im Kontext ihrer Rolle in der moralischen Wahrnehmung* verständlich sind.

Falls man also nicht von der Semantik oder der Metaphysik, sondern von der Epistemologie ausgeht, so kann man zunächst eine Analogie zwischen moralischer Erkenntnis und der Erkenntnis sogenannter »sekundärer Qualitäten« ziehen (vgl. hier Abschnitt: »Sekundäre Qualitäten«, S. 187–189) und untersuchen, inwieweit wir moralische Tatsachen als urteils- oder reaktionsabhängige Realität begreifen können (vgl. hier Abschnitt: »Sind moralische Tatsachen ›beurteilerabhängig‹?«, S. 189–192). Eine andere, von der Erkenntnistheorie ausgehende Strategie verfolgt der Intuitionismus (vgl. hier Abschnitt: »Intuitionismus«, S. 192–196), der annimmt, dass wir direktes Wissen um die moralischen Eigenschaften von Situationen haben können. Schließlich kann die beschriebene Verfahrensweise zu einem *erkenntnisbezogenen Realismus* radikalisiert werden, wie ihn John McDowell vertritt (vgl. hier Abschnitt: »Moral als zweite Natur – John McDowell«, S. 196–207).

## Sekundäre Qualitäten

Da der Begriff der »sekundären Qualitäten« in den folgenden Diskussionen eine wichtige Rolle spielt, soll er hier kurz erläutert werden (vgl. hier auch S. 131–134). Sekundäre Qualitäten wie Farben oder Gerüche kommen – so eine typische Annahme – in der »absoluten Weltsicht« der Naturwissenschaften nicht vor, weil sie keine objektiven Qualitäten von Dingen bezeichnen, sondern vielmehr irreduzibel mit der typischen menschlichen Wahrnehmung von Dingen verknüpft sind.

Beispielsweise wird das Prädikat »rot« zur Beschreibung von Dingen mit einer bestimmten Mikrooberflächenstruktur verwendet, die rote Lichtwellen reflektiert. »Rot« *bedeutet* jedoch nicht das gleiche wie »hat Oberflächenstruktur X«. Dass etwas rot ist, besagt vielmehr, dass es von Wesen mit einer bestimmten Art visueller Wahrnehmungsfähigkeit auf eine bestimmte Art wahrgenommen zu werden tendiert. »Rot« ist also keine Qualität, die im naturwissenschaftlichen Sinn objektiv (ohne Bezug auf subjektive Erkenntnis) analysierbar ist, sondern es ist eine Qualität, die nur bezogen auf bestimmte Wahrnehmungsdispositionen definierbar ist – im Unterschied zu »primären Qualitäten« wie etwa Größe oder Masse. Daraus folgt: Sekundäre Qualitäten sind nicht »objektiv« in dem Sinne, dass sie unabhängig von jeder Wahrnehmungsdispositon bestimmt werden können, sie sind jedoch so weit objektiv, dass sie einen Standard für einzelne Wahrnehmungen bilden. Es kann sein, dass mir ein Stück Papier als rot erscheint, obwohl es gar nicht rot ist – etwa deshalb, weil ich, ohne es zu wissen, eine rot getönte Brille trage. »Rot« ist also nicht auf jede faktische Wahrnehmung, sondern nur auf Wahrnehmungsdispositionen unter guten Bedingungen bezogen zu definieren.

Falls wir eine solche dispositionale Analyse sekundärer Qualitäten akzeptieren, können wir einen Begriff beurteilerabhängiger Eigenschaften bilden. Falls eine Eigenschaft X beurteilerabhängig ist, gilt folgendes:

(1) Es existiert eine Definition der Form »Ein Objekt hat die Eigenschaften X, wenn ein typisches Subjekt es unter idealen Bedingungen B als X beurteilt oder wahrnimmt«.
(2) Diese Definition gilt *a priori*.
(3) Es existiert keine andere Definition von X, die die Bedeutung von X voll erfasst und die keinen Bezug auf die Beurteilung oder Wahrnehmung von Subjekten beinhaltet (vgl. Miller 2003: 130).

Der Vorteil einer Theorie, die moralische Eigenschaften als beurteilerabhängige Qualitäten dieser Art begreift, ist unbestreitbar: Sie kommt der Intuition nach, dass Moral nicht ohne Bezug auf Menschen (oder rationale Wesen) existieren kann. Wie sich später zeigen wird, kann dies auch bezüglich der Internalismus-Frage weiterhelfen. Dennoch handelt es sich hier um eine kognitivistische Konzeption, die objektive Erfüllungsbedingungen konstruiert und Wahrheit zulässt, wenn auch um eine *schwach kognitivistische* Position (vgl. hier Abschnitt: »Der schwache Kognitivismus«, S. 29–30).

## Sind moralische Tatsachen »beurteilerabhängig«?

Auf der Basis dieser Analyse sekundärer Qualitäten könnte man jetzt untersuchen, ob wir die Realität der Moral nicht ebenso unter Rückgriff auf die Dispositionen idealer Beurteiler verstehen können.

Wir haben bereits – mit Railtons Realismus (vgl. hier Abschnitt: »Railtons Naturalismus der Werte«, S. 113–124) –

eine Position kennengelernt, die vorschlägt, moralische Eigenschaften so zu verstehen, dass sie jene Eigenschaften sind, die Personen unter idealen Umständen hinsichtlich ihrer Informationen und Rationalität von einem sozialen Gesichtspunkt aus wählen würden. Dies klingt ähnlich wie eine Analyse sekundärer Qualitäten. Railton versteht dies jedoch nicht als einfache Analyse moralischer Begriffe, sondern als Schritt zu einer naturalistischen Beschreibung der Qualitäten, die wir auf diese Weise entdecken. Moralische Eigenschaften sollen (revisionistisch) *als diejenigen natürlichen* Eigenschaften verstanden werden, die diesen Zusammenhang garantieren. Wir könnten uns jedoch genauso eine nicht-reduktionistische Position vorstellen, die moralische Eigenschaften nicht mit den natürlichen Eigenschaften *identifiziert*, die dazu führen, dass Personen unter idealen Umständen bestimmte Handlungen wählen würden (dann wäre nämlich immer noch eine nicht-beurteilerabhängige Beschreibung moralischer Eigenschaften möglich). Vielmehr könnte auch angenommen werden, dass etwa die Tatsache, *dass* Personen unter idealen Bedingungen diese Handlungen *gutheißen würden, die moralische Richtigkeit* dieser Handlungen konstituiert. Eine solche Theorie wäre damit ein Ansatz, der annimmt, dass folgender Zusammenhang *a priori* gilt:

> **(Response-Dependence)**: X hat Eigenschaften M genau dann, wenn unter idealen Bedingungen C eine Person P mit der Reaktion R reagiert.

Eine solche Analyse moralischer Begriffe hätte den Vorteil, dass sie einerseits den Kognitivismus retten könnte, andererseits – solange sie die Reaktion richtig spezifiziert – eine internalistische Position bewahren könnte.

Entsprechend schlägt zum Beispiel David Lewis vor:

> X ist wertvoll, wenn wir X unter idealen Bedingungen vollständiger imaginativer Vertrautheit wertschätzen würden (das heißt, wenn wir begehren würden, es zu begehren).

Diese Definition ist dazu geeignet, die Bedeutung des Begriffs »wertvoll« nicht-zirkulär zu bestimmen, weil sie die Reaktion derartig spezifiziert, dass sie nicht in der Verwendung dieses Begriffs besteht.

Wie sich jedoch zeigt, kann diese Definition zunächst nicht überzeugen. Das, was beispielsweise von moralisch schlechten Personen wertgeschätzt wird, oder das, was unter Bedingungen wertgeschätzt wird, die zur Ausbildung eines schlechten Charakters beitragen, ist sicher nicht wertvoll. Wir müssen also die idealen Bedingungen und die Person X so beschreiben, dass solche Fälle ausgeschlossen werden. Können wir dies jedoch tun, ohne moralische Termini zu verwenden? Falls nicht, dann enthält die Definition die Begriffe, die sie definieren soll. Die Definition »Handlungen sind moralisch gut, wenn *moralisch gute* Menschen sie schätzen« kann »moralisch gut« nicht erläutern.

Ein weiterer Einwand gegen diese Definition besteht – wie im Falle Railtons – darin, dass es unklar ist, ob sie wirklich die internalistische Intuition aufnehmen kann. Die Zuschreibung moralischer Eigenschaften von Reaktionen des Individuums abhängig zu machen, scheint es einfacher zu machen, motivationale Reaktionen so zu verstehen, dass sie *a priori* mit dem entsprechenden Urteil verknüpft sind. Aber sobald wir ideale Eigenschaften einführen, wird dies wieder unklar: Wieso sollte es mich unter *den gegebenen* Umständen motivieren, dass ich unter idealen Umständen motiviert wäre oder in einer gewissen Weise urteilen würde? Oder: Wieso sollte eine ideale Haltung einer idealisierten Person für mich ein Grund für irgendetwas sein?

Aufgrund dieser Probleme ist klar, dass zumindest eine einfache Theorie der Beurteilerabhängigkeit, die moralische Tatsachen auf diese Weise in Einklang mit dem Weltbild der Naturwissenschaften bringen will, scheitern muss. Daher muss die These der Beurteilerabhängigkeit entweder noch komplexer gemacht werden, wie es McDowell vornimmt (vgl. hier Abschnitt: »Moral als zweite Natur – John McDowell«, S. 196–207), oder der Primat der Epistemologie muss noch weiter radikalisiert werden. Letzteres ist die Strategie des »Intuitionismus«.

## Intuitionismus

Als »Intuitionismus« wird die Position bezeichnet, die annimmt, dass wir moralisches Wissen ohne Umweg über die Wahrnehmung empirischer Eigenschaften *direkt* erlangen können. Für viele Nonnaturalisten, wie beispielsweise Moore (vgl. hier Abschnitt: »Moore und der Nonnaturalismus«, S. 50–54), ergibt sich diese epistemologische Position aus ihren metaphysischen Vorannahmen. Da diese Vorannahmen von vielen abgelehnt werden, stellte der Intuitionismus lange Zeit eine relativ unbeliebte Strategie dar.

Ausgehend von dem Werk von David Ross haben Autoren wie Robert Audi in jüngerer Zeit plausiblere Versionen dieser Position entwickelt. Solche Ansätze gehen nicht von metaphysischen Prämissen, sondern von zwei epistemischen bzw. methodologischen Grundannahmen aus: Sie glauben erstens, dass es eine Pluralität moralischer Prinzipien gibt, die keine systematische Einheit bilden; und sie glauben zweitens, dass wir sowohl von diesen Prinzipien als auch von ihrem Zusammenspiel in konkreten Fällen direktes, »nicht-inferenzielles« Wissen erlangen können.

Wie bereits mehrfach erwähnt, gehen fast alle metaethischen Positionen von der *Supervenienz des Moralischen auf dem Nicht-Moralischen* aus (vgl. hier Abschnitt: »Das Verbot gemischter Welten«, S. 77–80). Das bedeutet, dass für jedes moralische Urteil in einem spezifischen Fall gilt, dass sich die moralischen Eigenschaften nur dann ändern können, wenn sich auch die natürlichen Eigenschaften dieses Falls ändern. Moralisches Wissen, so die Grundidee des Intuitionismus, können wir daher nur dann haben, wenn wir wissen, wie jeweils die nicht-moralischen Eigenschaften und die moralischen Eigenschaften zusammenhängen. Falls wir nun annehmen, dass wir – anders als der reduktionistische Naturalismus es behauptet – Urteile über moralische Eigenschaften nicht aus Urteilen über nicht-moralische Eigenschaften ableiten können, dass wir aber zugleich Wissen um moralische Eigenschaften haben können, dann liegt der Gedanke nahe, dass dieses Wissen ein *»nicht-inferenzielles Wissen« um die Supervenienzbeziehungen* sein muss. »Nicht-inferenziell« meint: Wir leiten unsere Urteile über das Moralische nicht von anderen Urteilen ab, sondern erfassen die Wahrheit dieser Urteile *direkt*. Wie aber soll diese »Erfassung« verstanden werden? Die Idee des Intuitionismus ist dabei die folgende: Wir können moralisches Wissen haben, wenn manche Aussagen über Zusammenhänge zwischen empirischen, nicht-moralischen Eigenschaften und moralischen Eigenschaften »*selbstevident*« sind, wenn also (vereinfacht) folgendes gilt:

> **(Selbstevidenz)**: Die Aussage, dass p, ist dann selbstevident, wenn jeder, der »p« vollständig versteht, weiß, dass p wahr ist, ohne weitere Überzeugungen zu benötigen, aus denen er die Wahrheit von p ableiten kann.

Solches Wissen, das auf Selbstevidenz beruht, haben wir zum Beispiel im Hinblick auf einfache mathematische Zusammenhänge. Ähnlich könnten wir im Prinzip auch wissen, welche generellen oder partikularen Supervenienz-Zusammenhänge zwischen bestimmten empirischen Eigenschaften und moralischen Eigenschaften bestehen. Es könnte etwa selbstevident sein, dass die Tatsache, dass etwas einer Person Schmerzen zufügt, ein Gesichtspunkt ist, der moralisch zumindest zunächst (also *prima facie*) gegen eine entsprechende Handlung spricht.

Falls wir solches Wissen um moralische *Prima-Facie*-Eigenschaften zulassen, ergibt sich jeweils, so der Intuitionismus von Ross oder Audi, ein *Pluralismus an Prinzipien und Gesichtspunkten,* die wir in jedem Fall direkt erkennen können. Dabei müssen jedoch einige Missverständnisse vermieden werden. Dass diese Erkenntnisse *selbstevident* sind, bedeutet nämlich nicht, dass sie *offensichtlich* sind: Es kann sein, dass wir die Selbstevidenz eines Zusammenhangs erst nach langem Nachdenken realisieren. Es kann durchaus auch sein, dass dies ein Prozess ist, bei dem Irrtum möglich ist. Schließlich ist ebenfalls denkbar, dass wir eine selbstevidente Proposition richtig erfassen, ohne zu *wissen*, dass sie selbstevident ist. Aber dennoch gilt, dass wir dann, *wenn* wir die Selbstevidenz einer Aussage richtig erfassen, *Wissen* über den entsprechenden Sachverhalt erlangen können und dass die entsprechenden Urteile dann durch diese Erfassung gerechtfertigt sind.

Intuitionisten können entweder die Auffassung, dass die entsprechenden Supervenienz-Zusammenhänge *empirischer* Natur sind und dass wir daher empirisches Wissen über sie erlangen können – wir »sehen« also einfach, wie Moral und nicht-moralische Tatsachen zusammenhängen – oder die Auffassung vertreten, dass es sich dabei um *A-Priori*-Zusammenhänge handelt, so dass es sich um eine *rationalistische* Theorie handelt. Beide Arten von Theorie bleiben hinsichtlich ihrer metaphysischen Festlegungen relativ neutral zwischen einem nicht-reduktionistischen Naturalismus und einem Nonnaturalismus, da sie nichts über den Supervenienz-Zusammenhang hinaus voraussetzen müssen. Der Intuitionismus muss auch keineswegs annehmen, dass moralische Wahrnehmung unfehlbar ist, sondern kann sowohl Irrtum zulassen als auch die Frage offenlassen, wie sich die jeweils wahrgenommenen moralischen Eigenschaften so zueinander verhalten, dass eine Handlung alles in allem geboten oder verboten ist. Zugleich kann diese Theorie die internalistische Intuition zumindest bezüglich von Gründen aufnehmen: Die nicht-inferenziell erkannten Zusammenhänge sind ja gerade Zusammenhänge zwischen empirischen Tatsachen und Handlungsgründen – falls wir das entsprechende Wissen erlangen, wissen wir eben, welche Gründe wir haben. Und schließlich – so könnte man den Intuitionismus plausibilisieren – handelt es sich um Wissen über eine »Brücke« zwischen dem Empirischen und dem Präskriptiven (vgl. hier S. 153–156), so dass auch das Sein-Sollen-Prinzip nicht verletzt wird. Auf der anderen Seite beantwortet dies alles nicht die Frage, ob es *tatsächlich* moralische Supervenienzbeziehungen gibt, an die zu glauben wir nicht-inferenziell berechtigt sind. Das wäre erst noch zu zeigen. Ebenso wenig beantwortet dieses Argument die Frage, *was* wir denn dann genau glauben. Sind moralische Urteile Ausdruck von Überzeugungen über Tatsachen in der Welt und, wenn ja, über welche?

Schließlich wird immer wieder gegen den Intuitionismus das Argument vorgebracht, dass die Unüberprüfbarkeit von Intuitionen oder von Überzeugungen über Selbstevidenz in ein Dilemma führt: Die Tatsache, dass es fast immer andere Personen gibt, die ein *anderes* Prinzip für selbstevident halten, führt dazu, dass meine moralischen Überzeugungen nie gerechtfertigt sein können, solange ich keinen Grund habe, zu glauben, dass ich besser über Selbstevidenz urteilen kann als andere. Falls ich einen solchen Grund hätte, wären meine Überzeugungen aber wieder inferenziell gerechtfertigt und damit keine Intuitionen mehr.

## Moral als zweite Natur – John McDowell

Sowohl der herkömmliche ethische Naturalismus als auch seine Kritiker sind sich darin einig, dass es paradigmatische Beispiele dafür gibt, was eine »natürliche Tatsache« ist – nämlich Tatsachen, wie sie die Naturwissenschaften in ihren besten Erklärungen einsetzen. Die Streitfrage scheint daher zu lauten, ob sich rechtfertigen lässt, dass moralische Tatsachen in einem relevanten Sinn natürliche Tatsachen dieser Art sein können. Eines der Hauptprobleme des Naturalismus besteht dann darin, dass moralische Tatsachen für rationale Personen Handlungsgründe zu sein scheinen, dass aber keine Tatsache der genannten Art *allein* ein Handlungsgrund zu sein scheint.

Hier setzt eine Form des moralischen Realismus an, die in den letzten Jahren vor allem mit dem Namen John McDowells verbunden wird: Auch McDowell geht – wie die beiden zuvor diskutierten Theorien – von einer Epistemologie der Moral aus und will zeigen, dass uns unsere moralische Erfahrung durchaus Tatsachen zugänglich macht, die einerseits *objektiv* und (in einer gewissen Hinsicht) »natürlich« sind, die andererseits aber zugleich auch in einem relevanten Sinn *Gründe* sind. Damit dies plausibel wird und unsere internalistische Intuition mit einem Objektivismus verbunden werden kann, muss aber, so McDowell, zunächst unser Begriff von einer »Tatsache« revidiert werden.

McDowell argumentiert erstens, dass die Trennung zwischen einem begrifflichen Raum der Gründe und der nicht-begrifflichen Welt »roher« Tatsachen bereits im Hinblick auf die Erkenntnistheorie scheitert. Wir sollten unsere Erkenntnisfähigkeit daher besser so beschreiben, dass wir in unserer Wahrnehmung *immer* einen Zugang zu Tatsachen erlangen, die nicht unabhängig von unseren *begrifflichen Fähigkeiten* beschreibbar sind. Es gibt also Urteile, die untrennbar mit unseren Erkenntnisfähigkeiten verwoben sind, ohne dass alle solchen Urteile deshalb aufhören, Urteile über Tatsachen zu sein. Dadurch, dass Menschen im Zuge ihrer Sozialisierung erlernen, solche Urteile zu fällen, erwerben sie eine »zweite Natur«, die ihnen diese begrifflich strukturierten Tatsachen zugänglich macht.

## Kritik des klassischen Realismus und Nonkognitivismus

Für die Metaethik bedeutet dies, dass McDowell weder eine Analyse moralischer Tatsachen, die diese als *unabhängig von unseren begrifflichen Fähigkeiten* beschreibt (wie der klassische Realismus), noch eine Theorie akzeptieren kann, die moralische Urteile so analysiert, dass sie nur *subjektive Haltungen* ausdrücken (wie der klassische Nonkognitivismus). Beide Optionen lassen nicht die Möglichkeit zu, dass unsere moralischen Urteile Erkenntnisse über Tatsachen sind, die nur unter Rückgriff auf die Struktur unserer Erkenntnis selbst beschrieben werden können.

Er kritisiert also erstens die Vorannahmen sowohl des naturalistischen Realismus als auch des nonnaturalistischen Intuitionismus bezüglich der »Objektivität« des Moralischen. Diese Kritik lässt sich am besten an seiner Diskussion von Mackies Irrtumstheorie festmachen: Mackie nimmt an, dass die Behauptung, dass es moralische Tatsachen gibt, diesen Tatsachen einen objektiven Status zuschreibt. Objektivität ist dabei als Gegensatz zu Subjektivität zu verstehen, so dass nur dasjenige objektiv und damit eine »wirkliche« Tatsache ist, was *unabhängig von jedem subjektiven Standpunkt einer Person*, und das heißt auch, *unabhängig von ihren spezifischen Wahrnehmungsfähigkeiten*, beschrieben werden kann – eine Beschreibung, von der er auch dem an Moore orientierten Intuitionismus unterstellt, dass er sie teilt. Diese Gleichsetzung von *Objektivität* mit *Subjektunabhängigkeit* versucht McDowell anzugreifen, indem er zunächst darauf hinweist, dass es sich bei den Sachverhalten, die von dieser Definition ausgeschlossen werden, keineswegs um »nur« subjektive Sachverhalte handelt: So sind beispielsweise sekundäre Qualitäten nicht ohne Hinweis auf unsere Wahrnehmungsfähigkeiten (»rot« ist das, was eine Struktur aufweist, die Menschen unter normalen Umständen als rot erscheint – vgl. hier Abschnitt: »Sekundäre Qualitäten«, S. 187–189), aber dennoch nicht »subjektiv« im Sinne von »projiziert« erklärbar. Auch moralische Eigenschaften könnten, genau wie Farben, so analysiert werden, dass sie nicht ohne Referenz auf unsere Reaktionen bestimmbar sind. Während wir aber bei Farben davon ausgehen, dass es eine *weitere* Erklärung für unsere Verwendung der entsprechenden Prädikate gibt, die ohne die Farbwörter auskommt (etwa eine wissenschaftliche Beschreibung der Brechung von Lichtwellen), gibt es solche Erklärungen bei moralischen Tatsachen nicht: Genauso wie »rot« auf die Gegenstände zutrifft, die unter bestimmten Umständen als rot erscheinen, sind nur diejenigen Handlungen gut, die einer moralisch ausreichend sensiblen Person als moralisch gut erscheinen. Im Fall der Moral lässt sich zudem nicht angeben, was eine moralisch ausreichend sensible Person ist, ohne auf moralische Tatsachen Bezug zu nehmen (vgl. hier Abschnitt: »Sind moralische Tatsachen ›beurteilerabhängig‹?«, S. 189–192; ob ein paralleles Argument auch für Farben gilt, ist umstritten). Das Spezifikum moralischer Tatsachen ist also, dass sie Tatsachen sind, die nicht ohne Referenz auf unser Vermögen, sie zu erkennen, beschrieben werden können, für die auch keine alternative Beschreibung existiert, die aber dennoch nicht auf Projektionen reduziert werden können.

Zweitens grenzt sich McDowell aber auch direkt von dem Nonkognitivismus Blackburns ab. Sein erstes Argument gegen diese Position ergibt sich aus folgender Überlegung: Wenn Nonkognitivisten annehmen, dass moralische Urteile nicht beschreibende Urteile über einen moralischen Gegenstandsbereich, sondern expressive Reaktionen auf bestimmte, nicht-moralisch charakterisierbare Gegebenheiten darstellen, dann muss der moralische Gehalt eines solchen Urteils in einer von der Erkenntnis von Sachverhalten abtrennbaren, *»zusätzlichen«* Reaktion zu lokalisieren sein – in einem moralischen Urteil akzeptieren wir eine deskriptive Charakterisierung eines Sachverhalts und nehmen *zusätzlich* eine bestimmte Haltung zu diesem Sachverhalt ein. Wir können diese zusätzliche Reaktion aber nur dann als genuin moralische Reaktion und damit als Bestandteil eines moralischen Urteils verstehen, wenn sie in minimaler Weise konsistent ist, wenn sie also immer wieder die »gleiche« moralische Reaktion darstellt – inkonsistente, zufällige Reaktionen können nicht als moralische Reaktionen verständlich sein. In diesem Falle muss es aber möglich sein, die *Verknüpfung* zwischen dem nicht-moralisch charakterisierbaren *Gegenstandsbereich* eines moralischen Urteils und der expressiven *Reaktion* auf diesen Gegenstandsbereich als *konstant* zu verstehen. Wer erkannte Sachverhalte moralisch beurteilt, muss in einem substanziellen Sinne »immer wieder das gleiche« tun. Dabei ergibt sich folgendes Dilemma: Wir können die Frage, ob jemand einen moralischen Ausdruck immer »gleich« verwendet, auf zwei Weisen zu entscheiden versuchen. Entweder unterstellen wir der Person, dass sie sich an einer expliziten Regel orientiert. Dann stellt sich jedoch die Frage, ob sie diese Regel selbst immer *gleich* anwendet – wir sind also wieder genau bei der Frage, mit der wir begonnen haben. Oder aber wir nehmen an, dass sie den Ausdruck immer »gleich« verwendet (oder eine Regel immer gleich anwendet), indem sie sich nicht an einer (weiteren) Regel orientiert, sondern indem sie *direkt* den *Sinn* des Ausdrucks oder der Regel »erfasst« – dies hieße jedoch im Extremfall, dass sie in einem mentalen Akt *alle zukünftigen Anwendungen* der Regel in irgendeinem Sinne »erfasst«. Beide Positionen sind so unplausibel, dass aus ihnen zu folgen scheint, dass es überhaupt keine Möglichkeit gibt, moralische Urteile als wiederholte Verwendung des »gleichen« Standards zu verstehen. Das bedeutet jedoch, dass der Nonkognitivismus keine verständliche Analyse moralischen Urteilens liefern kann, solange er die expressive Haltung als etwas versteht, das von der Beschreibung ihres Objekts unabhängig ist.

Als Alternative zu dieser Sicht schlägt McDowell vor, dass die bewertende Haltung als Bestandteil der Erkenntnisfähigkeit verstanden werden muss, die uns zu unseren Tatsachen-Urteilen erst befähigt. Moralische Urteile sind also Urteile über Tatsachen, die wir aufgrund unserer moralischen Erkenntnisfähigkeit treffen können, die daher aber zugleich unlösbar mit Bewertungen verknüpft sind. McDowell weist also die Sein-Sollen-These zurück: Wir kommen nicht umhin, die Bestimmung des Moralischen *zugleich* als Bewertung *und* als Erkennen zu charakterisieren – also als Erkenntnis von Werten. Wir haben (anders als es der Nonkognitivismus annimmt) keine Möglichkeit, die in der moralischen Beurteilung ausgedrückte evaluative

*Haltung* unabhängig von dem *Gegenstandsbereich* zu bestimmen, auf den sie angewendet wird. Daraus folgt jedoch umgekehrt nicht (wie es der Realismus annimmt), dass der Gegenstandsbereich der Moral unabhängig von menschlichen Reaktionen verständlich wäre, wie etwa eine Tatsache der Naturwissenschaften. Vielmehr, so McDowell, besteht eine *dritte Option,* nämlich die Annahme, dass *sowohl* die Erkenntnis des Objektbereichs *als auch* die Reaktion nicht ohne Bezug auf das jeweils andere Element verständlich sind, dass sie also in gewisser Weise »Geschwister« darstellen, von denen keines den Anspruch auf einen Primat erheben kann. McDowell behauptet also, dass der *Sinn* moralischer Urteile nicht von außerhalb der Moral bestimmt werden kann.

Zumindest seine Kritik am Kognitivismus verfehlt aber in merkwürdiger Weise ihr Ziel: Der Quasi-Realismus Simon Blackburns ist etwa keineswegs auf die These festgelegt, dass sich der *Gehalt* moralischer Urteile unabhängig von ihren Gegenständen bestimmen ließe. Blackburn behauptet vielmehr, dass die beste *Erklärung* moralischer Urteile nicht die ist, sie als Reaktionen auf einen bestimmten moralischen Gegenstandsbereich zu verstehen, sondern dass vielmehr die Annahme spezifischer moralischer Haltungen ausreicht, um die Funktion der Behauptung »moralischer Tatsachen« in moralischen Diskursen zu erläutern.

Die von McDowell attackierte Gleichsetzung des Raums der *objektiven* Tatsachen mit dem Raum der *subjektunabhängig beschreibbaren* Tatsachen hat nach seiner Ansicht ihren Grund in einer ideengeschichtlichen Entwicklung: In der Moderne hat sich immer mehr die Auffassung durchgesetzt, dass die Tatsachen der »objektiven Welt«, so wie sie uns die Naturwissenschaften zeigen, völlig unabhängig von aller Bedeutung, von Sprache und Begriffen und von Vernunft sind. Die »Entzauberung« der Welt, wie sie von der Aufklärung vorgenommen wurde, bestand darin, all diese Elemente als etwas zu begreifen, was der Mensch sozusagen nachträglich einer Welt hinzufügt, die von sich aus keinen Sinn, keine Bedeutung und keine begriffliche Struktur hat.

McDowell kritisiert diese Entwicklung und bringt als Alternative den Begriff der »zweiten Natur« ins Spiel. Wie wir bereits gesehen haben, nimmt McDowell an, dass es Tatsachen gibt, die nur in Hinblick auf unsere begrifflichen Fähigkeiten beschrieben werden können, die aber dennoch in demjenigen Sinne »objektiv« sind, dass sie nicht nur Einbildungen oder Projektionen sind. Diese Tatsachen sind in einem bestimmten Sinne mit Bedeutung verbunden, der von einem szientistisch-naturalistischen Weltbild nicht erfasst werden kann. Nimmt beispielsweise eine Person eine Situation *als ungerecht* wahr, so lässt sich diese Wahrnehmung nicht als eine Reflexion eines Sachverhalts beschreiben, der von jeder möglichen Wahrnehmung unabhängig ist, denn es ist Teil der Bedeutung von »ungerecht«, dass bestimmte Situationen eine bestimmte praktische Haltung als die *richtige* Haltung qualifizieren. Nimmt eine Person eine Situation als ungerecht wahr, werden in ihrer Wahrnehmung bestimmte moralische Reaktionen bereits involviert. Teil dieser Wahrnehmung ist jedoch auch, dass die Person die Ungerechtigkeit der Situation als etwas wahrnimmt, was nicht ihre eigene, subjektive Hinzufügung ist, sondern was die entsprechende Reaktion angemessen macht. Dies zeigt sich unter anderem darin, dass wir uns über die Ungerechtigkeit von Situationen irren und andere Personen dafür kritisieren können, dass sie diese Ungerechtigkeit nicht sehen.

Die beste Beschreibung dieser Art von Wahrnehmung impliziert nach McDowells Auffassung, dass eine solche Wahrnehmung eine Wahrnehmung einer *begrifflichen Struktur der Realität* ist. Diese Realität besitzt jedoch nicht den Status personenunabhängiger Objektivität der Tatsachen der Naturwissenschaften. Sie wird von McDowell vielmehr als dasjenige Element bestimmt, das einen Standard für unsere subjektiven Reaktionen bildet, der von jeder einzelnen dieser subjektiven Reaktionen unabhängig ist, der jedoch nur im Kontext bestimmter Reaktionsmöglichkeiten, also nicht unabhängig von unseren Begriffen und Dispositionen, *überhaupt* erst bestimmbar ist. Moralische Reaktionen versehen also nicht einen von ihnen unabhängigen Objektbereich »nachträglich« mit Bedeutung, sondern konstituieren ihren Objektbereich, der dennoch von jeder einzelnen Reaktion unabhängig ist und ihr als Standard dienen kann. Wir sollten uns daher, so McDowell, nicht davon abschrecken lassen, diesen Objektbereich als Bereich moralischer Tatsachen zu bezeichnen. Die Möglichkeit moralischer Erkenntnis ist jedoch abhängig davon, dass wir uns im entsprechenden Feld begrifflicher Unterscheidungen bewegen und die richtigen Reaktionsmöglichkeiten besitzen. Diese Voraussetzung wird dadurch geschaffen, dass wir unsere Sensibilität im Rahmen einer moralischen Erziehung (»Bildung«) entsprechend formen. Diese Erziehung kann wiederum (als Ganze) so beschrieben werden, dass sie den entsprechenden Objektbereich konstituiert, dies jedoch (in jedem Einzelfall) so, dass sie die Augen einer Person für einen *schon vorhandenen* Objektbereich öffnet. Die erste Natur des Menschen besteht gerade unter anderem darin, dass er lernen kann, sich in einem Reich objektiver Tatsachen »zweiter Natur« zurechtzufinden, die nicht zu dieser ersten Natur gehören, sondern die nur als objektive Standards seiner eigenen Wahrnehmungen verständlich sind.

McDowell versucht also die Intuitionen des Internalismus und der Realität der Moral zu retten, indem er die Sein-Sollen-These zurückweist: Wir haben es in der Moral mit Tatsachen zu tun, deren normative Kraft ihnen irreduzibel zukommt und die nicht auf Tatsachen im Sinne der Naturwissenschaften reduzierbar sind (und auch nicht mit ihnen identisch sind). Letztlich läuft diese Strategie nicht darauf hinaus, die Einwände der Gegner des Realismus zu beantworten, sondern ihnen die Legitimität zu entziehen: Die metaphysische und epistemologische Theorie, die diese Gegner vom Realisten erwarten, ist nicht notwendig und kann nicht entworfen werden, weil das dahinter stehende Verständnis von Metaphysik und Epistemologie eine Unabhängigkeit von Welt und Geist voraussetzt, die begrifflich nicht eingelöst werden kann.

McDowell versucht, dem Dilemma zwischen Naturalismus und Nonkognitivismus auf diese Weise zu entkommen, indem er die Berechtigung der Rede von Tatsachen auch jenseits des Bereichs der Aussagen der Naturwissenschaften verteidigt. Gerade die Stärke dieses Arguments macht jedoch auch seine Schwäche aus. Solange nicht gezeigt werden kann, dass dies unvermeidbar ist, scheint dieses Projekt nur neue Schwierigkeiten einzuführen: So könnte etwa die Frage gestellt werden, ob und wie die moralischen Eigenschaften *kausal* auf uns einwirken – oder ob die Erkenntnis dieser Eigenschaften, so wie es der Intuitionismus sich vorstellt, *nicht-kausal*, vielleicht sogar als Erkenntnis von *A-Priori*-Beziehungen verstanden werden muss. Solange diese Frage nicht geklärt ist, ist McDowells Versicherung, dass er nicht in einen Moore'schen Nonnaturalismus verfällt, sondern die zweite Natur des Menschen auf Basis seiner ersten Natur erklärbar ist, nur wenig wert – denn den Zusammenhang zwischen erster und zweiter Natur, also die Frage, inwieweit auch die zweite Natur im wörtlichen Sinne *Natur* ist, bleibt unbeantwortet.

Gegen McDowells Theorie lässt sich ähnlich wie gegen den Intuitionismus außerdem einwenden, dass sie die Gefahr des Dogmatismus in sich birgt: Vorausgesetzt, dass nur die »moralisch Sensitiven« sehen können, was moralisch gut ist: Brauchen sie dann nicht – um im Angesicht moralischer Uneinigkeit *gerechtfertigt* zu sein – eine Rechtfertigung der Art, dass sie auch anderen, nicht so »sensitiven« Personen gegenüber *Belege* dafür vorweisen können müssen, dass gerade *sie* – und nicht andere – die »moralisch Sensitiven« sind? Die Antwort, dass es solche Belege eben nur für die gibt, die sie »sehen« können, wäre unbefriedigend. Hier scheint sich eine ungünstige Alternative zwischen Relativismus und Dogmatismus anzubahnen. In anderen Worten: Positionen wie die McDowells müssen erst noch mehr sagen, um zu zeigen, dass sie die einzige Alternative zum Naturalismus der konventionellen Art sind und dass sie nicht »mysteriös« bleiben müssen.

## Zusammenfassung

Die in diesem Kapitel – zugegebenermaßen etwas eklektisch – versammelten Theorien haben gemeinsam, dass sie sich als therapeutische Unternehmungen verstehen: Gegen das metaethische Trilemma wenden sie ein, dass dies – und insbesondere seine Hume'sche Prämisse – nur scheinbar gilt, nämlich nur deshalb, weil wir von einem bestimmten Bild dessen gefangen gehalten werden, was als *Tatsache* gilt. Sie gehen alle im Gegensatz zu der Tatsachenauffassung, die (angeblich oder wirklich) den Naturwissenschaften zugrunde liegt, davon aus, dass wir zunächst unserer moralischen Erfahrung daraufhin vertrauen sollten, dass sie uns Tatsachen zugänglich macht. Dabei unterscheiden sich diese Theorien dahingehend, ob sie diese Erfahrung – weitgehend kompatibel mit dem naturalistischen Weltbild – als Wahrnehmung *beurteilerabhängiger sekundärer Qualitäten* beschreiben oder als *direkte Einsicht in Supervenienz-Beziehungen* oder ob sie schließlich, wie McDowell, die *Abgrenzung von Tatsachen und moralischen Reaktionen insgesamt* in Frage stellen. Ein wichtiger Beitrag dieser Theorien ist also, unsere ursprünglichen Intuitionen über die Unvereinbarkeit von Tatsachen und praktischer Relevanz zu erschüttern. Sie kämpfen jedoch zugleich alle mit dem Problem, dass die Vorstellung moralischer Objektivität *auch* an die Idee der Unabhängigkeit der Moral von unseren Beurteilungen gebunden zu sein scheint und jede Revision des Tatsachenbegriffs erneut die Frage provoziert, ob diese Objektivität damit immer noch eingeholt werden kann. Und schließlich stellt sich bei allen drei Theorien die Frage, ob sie tatsächlich eine nicht-zirkuläre Definition dessen, was moralisches Wissen ist, erlauben (oder ob ihre Ablehnung einer solchen Definition begründet ist) und wie sie schließlich mit dem naturwissenschaftlichen Weltbild, das vermutlich niemand *ganz* aufgeben will, in Einklang zu bringen sind.

# 9 Ein Ausblick

Nach diesem Durchmarsch durch das Gebiet der Metaethik bleibt vielleicht bei mancher Leserin und manchem Leser ein Gefühl der Ratlosigkeit zurück: Wie sich gezeigt hat, müssen alle logisch möglichen Optionen Kompromisse eingehen, die an ihrer Angemessenheit zweifeln lassen, auch wenn einige von ihnen letztlich nicht klarerweise falsch sein müssen.

Das zu Anfang beschriebene Problem mit der Moral – also die Vereinbarkeit unserer Intuitionen bezüglich der Objektivität moralischer Urteile einerseits und ihre Vereinbarkeit bezüglich ihrer praktischen Relevanz andererseits – wurde nicht gelöst: Weder konnten die nonkognitivistischen Versuche, praktische Haltungen als die Quelle der Moral zu identifizieren, völlig überzeugen, noch haben realistische, konstruktivistische oder andere Strategien, die die Objektivität des Moralischen entweder konventionell oder ganz neu zu fassen versuchen, vollen Erfolg damit, die gegen sie vorgebrachten Einwände zu entkräften.

Im Durchgang durch diese Optionen hat sich aber vielleicht auch das Gefühl eingestellt, dass gar nicht so klar ist, was wir *genau* mit »Objektivität« meinen, welche praktische Relevanz *genau* gefragt ist, was also eigentlich die ursprüngliche Frage überhaupt beinhaltete. Dies ist schon ein Schritt der Aufklärung – wir lernen von der Metaethik nicht, dass wir nur lange genug suchen müssen, bis wir eine Theorie gefunden haben, die unseren Intuitionen entspricht. Unsere Intuitionen verlangen vielmehr selbst nach philosophischer Behandlung. So sind einerseits diejenigen Untersuchungen vielversprechend, die nach dem Charakter der praktischen Gründe fragen, die uns die Moral angeblich an die Hand gibt, wie auch jene Untersuchungen, die – wie etwa McDowell – in Frage stellen, ob das Bild von Objektivität, wie wir es von den Naturwissenschaften übernehmen zu können glauben, auch angemessen ist. Vielleicht liegt das Problem der Moral gar nicht darin begründet, dass wir keine guten Theorien über Moral haben, sondern darin, dass unsere handlungstheoretischen und metaphysischen Vorstellungen die Moral nur seltsam *erscheinen* lassen?

Selbst unter dieser Voraussetzung ist aber keineswegs gezeigt, dass in der Metaethik alles in Ordnung wäre: Wie sich im Hinblick auf den Nonkognitivismus gezeigt hat, bleibt weiterhin sehr unklar, wie wir etwa die Semantik moralischer Ausdrücke verstehen sollen. Hier gibt es seit den letzten Jahren zahlreiche, erfolgversprechende Ansätze, die über die Kognitivismus-/Nonkognitivismus-Unterscheidung hinausgehen. So könnte etwa versucht werden, moralische Aussagen als Kombination expressiver und deskriptiver Elemente zu verstehen, wie sie in »dichten« ethischen Ausdrücken vorkommt, die stets beide Elemente beinhalten, die unter Umständen nicht klar voneinander trennbar sind. Diesen sprachphilosophischen Überlegungen kommt eine an Wittgenstein geschulte Skepsis bezüglich der Unterscheidung von Tatsachen und Werten entgegen, die nicht nur McDowell teilt, sondern die auch Vertreterinnen und Vertreter der pragmatistischen Tradition vereinfachenden Naturalisierungsprojekten entgegenstellen.

In diesen Bereichen ist die metaethische Forschung der Gegenwart enorm produktiv. Sie hat in den letzten Jahren zahlreiche Einsichten, die den Rahmen dieser Einführung sprengen würden, hervorgebracht. Man darf also hoffen, dass eine am Nonkognitivismus geschulte Sprachanalyse auf eine an McDowell geschulte Metaphysikkritik trifft und die Eigenständigkeit des Moralischen auf einer naturalistischen Grundlage zu erläutern lernen wird.

# Literaturhinweise

## 1 Metaethik

Unter den englischsprachigen Einführungen sticht Miller (2003) hervor. Die am Anfang erwähnten Grundintuitionen sind McNaughton (1988) entnommen. Eine Einführung in die Geschichte der Metaethik geben Grewendorf/Meggle (1974). Weitere nützliche Einführungen sind Quante (2003), Birnbacher (2007), Kutschera (1999). Das »moralische Problem« wird dargestellt in Smith (1994, Kap. 1), der auch eine gute Darstellung des Zusammenhangs zwischen Motivation und Kognition gibt; siehe auch McNaughton (1988). Die Hume'sche Theorie der Motivation beruft sich auf Hume (1906; englisch: 1888 [1739]). Im gleichen Werk findet sich auch das Sein-Sollen-Prinzip – das hier im Abschnitt »Das Sein-Sollen-Problem revisited«, S. 153–156, noch einmal diskutiert wird.

## 2 Kognitivismus und Nonkognitivismus

Miller (2003) ist die Unterscheidung zwischen starkem und schwachem Kognitivismus (ebd., S. 3–5) entnommen. Eine präzise Einführung in die Unterscheidung bietet van Roojen (2011). Zur Rolle von Wahrheitsbedingungen vgl. Schroeder (2010, Kap. 2.4).

## 3 Internalismus und Externalismus

Ausführlich besprochen wird das Problem des Internalismus und Externalismus in Halbig (2007). Die Hume'sche Theorie der Motivation beruft sich auf Hume (1906; englisch: 1888 [1739]) und wird in den meisten Einführungen in die Handlungstheorie besprochen. Smith (1994) gibt nicht nur eine gute Einführung in das Thema, sondern entwickelt auch die beschriebenen Argumente (vgl. ebd., S. 60 ff.).

Zu dem Argument Hares vgl. auch Hare (1972, S. 159 f.), Brink (1989, S. 46 ff.) und Svavarsdóttir (1999).

## 4 Die Anfänge der Metaethik

Zu den theoretischen Hintergründen der ersten Phase der analytischen Metaethik, vgl. Timmons (1999), Kap. 1. Die Position Moores findet sich in Moore (1970; engl. Original: 1903). In Newen (2005) finden sich sowohl eine Erklärung des Paradox' der Analyse (S. 15) als auch eine Einführung in die metaethischen Positionen Moores und Hares (S. 130 ff.). Die Kritik von Frankena an Moore ist in Frankena (1974; engl. Original 1939) zu finden. Die Zeitschrift Ethics hat in ihrer Ausgabe 113(3) im Jahr 2003 ein Symposium über *Principia Ethica* veranstaltet. In Horgan/Timmons (2006) finden sich neuere Beiträge zu Moores Metaethik. Ayers Theorie findet sich in Ayer (1970; engl. Original 1946 [1936]). Stevenson hat seine emotivistische Position in Stevenson (1974; engl. Original 1937) veröffentlicht. Hares Präskriptivismus wird in »Die Sprache der Moral« (Hare 1972; engl. Original 1964) und »Universal Prescriptivism« (1991) dargestellt. Zur Objektivität moralischer Urteile vgl. Hare (1993). Die hier besprochenen Theorien werden in Schroeder (2010, Kap. 2) erläutert. Zur Irrtumstheorie Mackies vgl. Mackie (1981; engl. Original 1977). Eine zeitgenössische Verteidigung der Irrtumstheorie findet sich in Joyce (2002).

## 5 Der Expressivismus

Ich rekonstruiere die in Kapitel 5 und 6 besprochenen Theorien weitgehend nach dem Vorbild von Miller (2003). Das Frege-Geach-Problem wird eingeführt in Geach (1960), Geach (1965) und Searle (1962); vgl. Schroeder (2008a). Die ursprüngliche Position von Blackburn findet sich in Blackburn (1984, Kap. 5 und 6), die revidierte Lösung des Frege-Geach-Problems in Blackburn (1998, Kap. 3 und 4). Eine

Kritik an Blackburns Lösung findet sich in Hale (1986), Wright (1988a) und Zangwill (1994). Weitere Aufsätze Blackburns sind in Blackburn (1993) versammelt. Millers Verteidigung der These von moralischer Irrationalität als moralischem Fehler ist in Miller (2003, 68 ff.) dargestellt; von ihm stammt ebenfalls die Unterscheidung der drei Lösungen für das Problem der moralischen Haltung (ebd., S. 88 ff.). Gibbards Theorie wird in Gibbard (1990) dargestellt, in Gibbard (2003) aber noch einmal entscheidend revidiert. Blackburns Kritik an Gibbards Lösung ist in Blackburn (1992) veröffentlicht. Ein Überblick über die aktuellen Debatten und eigene Argumente finden sich in Schroeder (2008b, 2010).

## 6 Tatsachen der Moral – der Realismus

Einen guten Überblick über aktuelle Fragen im moralischen Naturalismus gibt Lenman (2008). Eine Einführung in die Diskussion um Supervenienz und Konstitution findet sich in McLaughlin/Bennett (2010) und Wassermann (2009). Shafer-Landau (2003) ist ein weiterer bekannter Vertreter des Realismus.

Railtons Naturalismus wird in Railton (1986a; auch 2003) dargestellt; eine relativ verständliche Einführung findet sich auch in Railton (1989); ebenso gut führt Railton (2006) in die Motivation für den Realismus ein. Seine Argumente gegen den Rationalismus sind in Railton (1986b; 2003) aufgeführt, in Railton (1989, 1993) legt er sich auf eine reduktionistische Strategie fest, in Railton (1995) ändert sich diese Strategie. Einige Argumente hinsichtlich der nicht-optionalen Normativität des Moralischen stellt er in Railton (1992) dar. Eine Kritik an der Analyse des nicht-moralisch Guten in Termini vollständiger Information legen Gibbard (1990), Sobel (1994), Rosati (1995) und Loeb (1995) vor. Die Vorläufer von Railtons Analyse finden sich in Sidgwick (1981 [1874]) und Brandt (1979).

Die funktionalistische Strategie wird erstmals in Jackson und Pettit (1988a, 1988b) entwickelt. Jacksons Theorie wird in Jackson (1998) ausführlich erläutert. Eine Diskussion des internalistischen Einwands findet sich in Jackson und Pettit (1995). Die Netzwerkanalyse baut auf Überlegungen von David Lewis auf, die in Lewis (1970) dargestellt werden. Der Einwand, dass die definitorische Rolle von Selbstverständlichkeiten zur Annahme unterschiedlicher Bedeutungen bei moralischer Uneinigkeit führen kann, wird von Zangwill (2000) vorgebracht, das Permutationsproblem von Smith (1994).

Die Positionen des Cornell-Realismus werden von Boyd (1988, 2003a, 2003b) verteidigt, eine gute Darstellung und interessante Diskussion findet sich in Timmons (1999), Kap. 2. Die Diskussion zwischen Harman und Sturgeon ist (in der Reihenfolge der Erstpublikation) in Harman (1977), Sturgeon (1988 [1984]), Harman (1986), Sturgeon (1986) sowie Sturgeon (1992), und der Ansatz von Brink ist in Brink (1986, 1989, 2001) zu finden. Eine ähnliche, interessante Position vertritt Schaber (1997). Die Idee zur Semantik moralischer Begriffe stammt von Boyd (1988), der auf Kripke (1980) aufbaut. Ein Einwand bezüglich der Unterscheidung von Referenz und Bedeutung wird von Horgan/Timmons (1990, 1992) und Smith (1994, S. 32 ff.) vorgebracht. Brinks Antwort findet sich in Brink (2001).

## 7 Moral aus Gründen – Kontraktualismus und Konstruktivismus

Zum Konstruktivismus im allgemeinen vgl. Bagnoli (2011). Die Unterscheidung zwischen beschränkten und basalen Strategien sowie die Betonung des Standpunktes entnehme ich Street (2010). Die bekannteste Verteidigung des Konstruktivismus im 20. Jahrhundert ist sicher Rawls (1980). Gauthiers und Scanlons Kontraktualismus finden sich in Gauthier (1986) bzw. Scanlon (1998) – die Sekundärliteratur zu beiden Autoren ist groß. Die zitierten Stellen von Kant stammen aus Kant (1961 [1785]), zur Interpretation vgl. auch Korsgaard (1996a). Zur Debatte um den Konstruktivismus Kants vgl. O'Neill (1989), Schönecker (1999), Wood (1999), Rawls (1999) und Formosa (2011). Korsgaards Theorie wird in Korsgaard (1996b) und Korsgaard (2009) dargestellt. Eine gute Kritik des kontraktualistischen Konstruktivismus bringt Timmons (2003) vor, das Dilemma des Personenkonzepts orientiert sich an Enoch (2006).

Apels Diskursethik wird in Apel (1973) vorgestellt. Die wesentlichen Aufsätze Habermas' sind mittlerweile in Habermas (2009) zusammengestellt, wo sich auch weitere Referenzen finden. Wichtige Texte im Zusammenhang mit der Diskursethik finden sich in Benhabib/Dallmayr (1990), eine einflussreiche Kritik übt Tugendhat (1993).

## 8 Moralische Realität jenseits des klassischen Realismus

Die wichtigste Unterscheidung zwischen primären und sekundären Qualitäten stammt von John Locke (2004, Kap. 2.8); sehr hilfreich ist in diesem Zusammenhang McDowell (1985). Zur Auffassung, dass sekundäre Qualitäten nicht Bestandteil einer »absoluten« Konzeption der Realität sind, vgl. Williams (1978, S. 226 ff.). Eine der wichtigsten Analysen der Urteilsabhängigkeit ist Wright (1988b; 1992, Kap. 3, Anhang). Der Unterschied zur Response-Dependence-Theorie im engeren Sinne wurde hier vernachlässigt: Die Diskussion dieses engeren Sinns findet sich in Smith (1989), Lewis (1989) und Johnston (1989); allgemeinere Überlegungen gibt Pettit (1991). Die Kritik an der Phänomenologie der moralischen Motivation stammt von Zangwill (2003). Auch hier habe ich die Struktur einiger Argumente nach Miller (2003) rekonstruiert.

Die klassische Quelle für den Intuitionismus ist Ross (2002), ich habe mich in meiner Darstellung auf Audi (2004) gestützt. Huemer (2005) vertritt eine andere Variante. Eine gute Einführung bietet McNaughton (2000). Kritiken am Intuitionismus finden sich bei Birnbacher (2007), Stratton-Lake (2002), Brink (1989) und Timmons/Greco/Mele (2007). Das Argument hinsichtlich der Situationen der Uneinigkeit findet sich in Sinnott-Armstrong (2002).

Ähnliche Positionen wie die McDowells finden sich bei Wiggins (1987) und Platts (1979). McDowells allgemeine philosophische Position wird in McDowell (1998c; engl. Original 1994) dargelegt: In Vorlesung IV und V geht er dabei auch auf metaethische Fragen ein. Sein Argument gegen Mackie findet sich in McDowell (1985). Seine wichtigsten Aufsätze zur Metaethik sind in McDowell (1998a) versammelt. Eine gute Verteidigung seiner Position bietet Lovibond (2002). Eine Sammlung guter Aufsätze, die sich mit McDowell auseinandersetzen, ist in Smith (2002) publiziert, besonders relevant sind die Aufsätze von Wright, Bernstein und Honneth. Zum Dogmatismusvorwurf vgl. neben Bernstein auch McNaughton (1988). Die Auseinandersetzung mit Blackburn findet in McDowell (1981, 1998b) statt. Blackburns Argumente finden sich auch in Blackburn (1981).

# Literaturverzeichnis

Apel, Karl-Otto: »Das Apriori der Kommunikationsgemeinschaft und die Grundlagen der Ethik«, in: *Transformation der Philosophie*, Bd. 2, Frankfurt a. M.: Suhrkamp 1973.

Audi, Robert: *The Good in the Right*, Princeton: Princeton University Press 2004.

Ayer, Alfred J.: *Language, Truth and Logic* [1936], London: Victor Gollancz Ltd. 1946.

– *Sprache, Wahrheit und Logik*, Stuttgart: Reclam 1970.

Bagnoli, Carla: »Constructivism in Metaethics«, in: Zalta, Edward N. (Hrsg.): *The Stanford Encyclopedia of Philosophy* (2011), online unter: http://plato.stanford.edu/archives/win2011/entries/constructivism-metaethics/.

Benhabib, Seyla / Dallmayr, Fred (Hrsg.): *The Communicative Ethics Controversy*, Cambridge (MA): MIT Press 1990.

Birnbacher, Dieter: *Analytische Einführung in die Ethik*, Berlin: de Gruyter 2007.

Blackburn, Simon: »Reply: Rule-Following and Moral Realism«, in: Holtzman, Steven H. / Leich, Christopher M. (Hrsg.): *Wittgenstein: to Follow a Rule*, London: Routledge 1981, S. 163–187.

– *Spreading the Word. Groundings in the Philosophy of Language*, Oxford: Clarendon 1984.

– »Gibbard on Normative Logic«, in: *Philosophy and Phenomenological Research* 52 (1992) Nr. 4, S. 947–952.

– *Essays in Quasi-Realism*, Oxford: Oxford University Press 1993.

– *Ruling Passions. A Theory of Practical Reasoning*, Oxford: Clarendon 1998.

Boyd, Richard: »How To Be a Moral Realist«, in: Sayre-McCord, Geoffrey (Hrsg.): *Essays on Moral Realism*, Ithaca: Cornell University Press 1988, S. 181–226.

– »Finite Beings, Finite Goods: The Semantics, Metaphysics and Ethics of Naturalist Consequentialism, Part I«, in: *Philosophy and Phenomenological Research* 66 (2003a), S. 505–553.

– »Finite Beings, Finite Goods: The Semantics, Metaphysics and

Ethics of Naturalist Consequentialism, Part II«, in: *Philosophy and Phenomenological Research* 67 (2003b), S. 24–47.
Brandt, Richard: *A Theory of the Good and the Right*, Oxford: Clarendon Press 1979.
Brink, David: »Externalist Moral Realism«, in: *The Southern Journal of Philosophy. Supplementary Volume* XXIV (1986), S. 23–40.
– *Moral Realism and the Foundations of Ethics*, Cambridge (GB): Cambridge University Press 1989.
– »Realism, Naturalism and Moral Semantics«, in: *Social Philosophy & Policy* 18 (2001), S. 154–176.
Enoch, David: »Agency, Schmagency: Why Normativity Won't Come from What Is Constitutive of Action«, in: *Philosophical Review* 115 (2006), S. 169–198.
Formosa, Paul: »Is Kant a Moral Constructivist or a Moral Realist?«, in: *European Journal of Philosophy* (2011) (Online-Veröffentlichung), doi: 10.1111/j.1468-0378.2010.00438.x
Frankena, William K.: »The Naturalistic Fallacy«, in: *Mind. New Series* 48 (1939) Nr. 192, S. 464–477.
– »Der naturalistische Fehlschluß«, in: Grewendorf, Günther / Meggle, Georg (Hrsg.): *Seminar: Sprache und Ethik*, Frankfurt a. M.: Suhrkamp 1974, S. 83–99.
Gauthier, David: *Morals by Agreement*, Oxford: Oxford University Press 1986.
Geach, Peter: »Ascriptivism«, in: *The Philosophical Review* 69 (1960) Nr. 2, S. 221–225.
– »Assertion«, in: *The Philosophical Review* 74 (1965) Nr. 4, S. 449–465.
Gibbard, Allan: *Wise Choices, Apt Feelings. A Theory of Normative Judgment*, Cambridge (MA): Harvard University Press 1990.
– *Thinking How to Live*, Cambridge (MA): Harvard University Press 2003.
Grewendorf, Günther / Meggle, Georg: »Zur Struktur des metaethischen Diskurses«, in: G. G. / G. M. (Hrsg.): *Seminar: Sprache und Ethik*, Frankfurt a. M.: Suhrkamp 1974.

Habermas, Jürgen: *Diskursethik. Philosophische Texte*, Bd. 3. Frankfurt a. M.: Suhrkamp 2009.

Halbig, Christoph: *Praktische Gründe und die Realität der Moral*, Frankfurt a. M.: Vittorio Klostermann 2007.

Hale, Bob: »The Compleat Projectivist«, in: *The Philosophical Quarterly* 36 (1986) Nr. 142, S. 65–84.

Hare, Richard M.: *The Language of Morals*, London: Oxford University Press 1964.

– *Die Sprache der Moral*, Frankfurt a. M.: Suhrkamp 1972.

– »Universal Prescriptivism«, in: Singer, Peter (Hrsg.): *A companion to ethics*, Oxford: Blackwell 1991, S. 451–463.

– »Objective Prescriptions«, in: *Philosophical Issues* 4 (1993), S. 15–32.

Harman, Gilbert: *The nature of morality*, New York: Oxford University Press 1977.

– »Moral Explanations of Natural Facts – Can Moral Claims be Tested against Moral Reality?« in: *The Southern Journal of Philosophy. Supplementary Volume* XXIV (1986), S. 57–68.

Horgan, Terence / Timmons, Mark: »New Wave Moral Realism Meets Moral Twin Earth«, in: *Journal of Philosophical Research* XIV (1990), S. 447–465.

– »Troubles for New Wave Moral Semantics: The ›Open Question Argument‹ Revived«, in: *Philosophical Papers* 21 (1992) Nr. 3, S. 153–175.

– (Hrsg.): *Metaethics after Moore*. Oxford: Clarendon Press 2006.

Huemer, Michael: *Ethical Intuitionism*, Houndgrave: Palgrave-Macmillan 2005.

Hume, David: *A Treatise of Human Nature* [1739], London: Oxford at Clarendon 1888.

– *Ein Traktat über die menschliche Natur. Buch II und III. Über die Affekte. Über Moral* [1739], Hamburg: Felix Meiner 1906.

Jackson, Frank / Pettit, Philip: »In Defence of Folk Psychology«, in: *Philosophical Studies* 59 (1988a), S. 31–54.

– »Functionalism and Broad Content«, in: *Mind* 97 (1988b) Nr. 387, S. 381–400.

– »Moral Functionalism and Moral Motivation«, in: *The Philosophical Quarterly* 45 (1995) Nr. 178, S. 20–40.

Jackson, Frank: *From Metaphysics to Ethics. A Defence of Conceptual Analysis*, Oxford: Clarendon 1998.

Johnston, Marc: »Dispositional Theories of Value«, in: *Proceedings of the Aristotelian Society, Supplementary Volumes* 63 (1989), S. 139–174.

Joyce, Richard: *The Myth of Morality*, Cambridge (GB): Cambridge University Press 2002.

Kant, Immanuel: *Grundlegung zur Metaphysik der Sitten* [1785], Stuttgart: Reclam 1961.

Korsgaard, Christine: *Creating the Kingdom of Ends*, Cambridge (GB): Cambridge University Press 1996a.

– *The Sources of Normativity*, Cambridge (GB): Cambridge University Press 1996b.

– *Self-Constitution. Agency, Identity, and Integrity*, Oxford: Oxford University Press 2009.

Kripke, Saul: *Naming and Necessity*, Cambridge (MA): Harvard University Press 1980. – Dt.: *Name und Notwendigkeit*, Frankfurt a. M.: Suhrkamp, 1981.

Kutschera, Franz von: *Grundlagen der Ethik*, 2. Aufl., Berlin: de Gruyter 1999.

Lenman, James: »Moral Naturalism«, in: Zalta, Edward N. (Hrsg.): *The Stanford Encyclopedia of Philosophy* (2008), online unter: http://plato.stanford.edu/archives/win2008/entries/naturalism-moral/.

Loeb, Don: »Full Information Theories of Individual Good«, in: *Social Theory and Practice* 21 (1995) Nr. 1, S. 1–30.

Lovibond, Sabina: *Ethical Formation*, Cambridge (MA): Harvard University Press 2002.

Lewis, David: »How to define theoretical terms«, in: *The Journal of Philosophy* 67 (1970) Nr. 13, S. 427–446.

– »Dispositional Theories of Value«, in: *Proceedings of the Aristotelian Society, Supplementary Volumes* 63 (1989), S. 113–137.

Locke, John: *An Essay Concerning Human Understanding*, New York: Barnes and Noble 2004.

Mackie, John L.: *Ethics. Inventing Right and Wrong,* London: Penguin 1977.

– *Ethik. Auf der Suche nach dem Richtigen und Falschen,* Stuttgart: Reclam 1981.

McDowell, John: »Non-Cognitivism and Rule-Following«, in: Holtzman, Stephen / Leich, Christopher (Hrsg.): *Wittgenstein. To Follow a Rule,* London: Routledge 1981, S. 141–162.

– »Values and Secondary Qualities«, in: Honderich, Ted (Hrsg.): *Morality and Objectivity,* London: Routledge 1985, S. 110–129. Wiederabgedruckt in McDowell (1998).

– *Mind and World,* Cambridge (MA): Harvard University Press 1994.

– *Mind, Value, and Reality,* Cambridge (MA): Harvard University Press 1998a.

– »Projection and Truth in Ethics«, in: McDowell (1998), S. 151–166.

– *Geist und Welt,* Frankfurt a. M.: Suhrkamp 1998c.

McLaughlin, Brian / Bennett, Karen: »Supervenience«, in: Zalta, Edward N. (Hrsg.): *The Stanford Encyclopedia of Philosophy* (2010), online unter: http://plato.stanford.edu/archives/sum2010/entries/supervenience/.

McNaughton, David A.: *Moral Vision: An Introduction to Ethics,* Oxford, Blackwell 1988.

– »Intuitionism«, in: LaFollette, Hugh (Hrsg.): *The Blackwell Guide to Ethical Theory,* Malden: Blackwell 2000, S. 268–287.

Miller, Alexander: *An Introduction to Contemporary Metaethics,* Cambridge (GB): Polity Press 2003.

Moore, George E.: *Principia Ethica,* London: Cambridge University Press 1903.

– *Principia Ethica,* Stuttgart: Reclam 1970.

Newen, Albert: *Analytische Philosophie zur Einführung,* Hamburg: Junius 2005.

O'Neill, Onora: *Constructions of Reason: Explorations of Kant's Practical Philosophy,* Cambridge (GB): Cambridge University Press 1989.

Pettit, Philip: »Realism and Response-Dependence«, in: *Mind. New Series* 100 (1991) Nr. 4, S. 587–626.

Platts, Mark: »Moral Reality«, in: M.P.: *Ways of Meaning*, London: Routledge 1979, S. 243–263.

Quante, Michael: *Einführung in die Allgemeine Ethik*, Darmstadt: WBG 2003.

Railton, Peter: »Moral Realism«, in: *The Philosophical Review* 95 (1986a) Nr. 2, S. 163–207.

– »Facts and Values«, in: *Philosophical Topics* XIV (1986b) Nr. 2, S. 5–31.

– »Naturalism and Prescriptivity«, in: *Social Philosophy and Policy* 7 (1989) Nr. 1, S. 151–174.

– »Some Questions About the Justification of Morality«, in: *Philosophical Perspectives* 6 (1992), S. 27–53.

– »Reply to David Wiggins«, in: Haldane, John / Wright, Crispin (Hrsg.): *Reality, Representation and Projection*, Oxford: Oxford University Press (1993), S. 315–328.

– »Made in the Shade: Moral Compatibilism and the Aims of Moral Theory«, in: Couture, Jocelyne / Nielsen, Kai (Hrsg.): *On the Relevance of Metaethics: New Essays in Metaethics, Canadian Journal of Philosophy, Supplementary Vol.* 21 (1995), S. 79–106.

– *Facts, Values, and Norms. Essays Toward a Morality of Consequence*, Cambridge (GB): Cambridge University Press 2003.

– »Moral Factualism«, in: Dreier, James (Hrsg.): *Contemporary Debates in Moral Theory*, Oxford: Blackwell 2006, S. 201–219.

Rawls, John: »Kantian Constructivism in Moral Theory«, in: *Journal of Philosophy* 77 (1980), S. 515–572.

– »Themes in Kant's Moral Philosophy«, in: J.R.: *Collected Papers*, Cambridge (MA): Harvard University Press 1999, S. 497–528.

Rosati, Connie: »Persons, Perspectives and Full Information Accounts of the Good«, in: *Ethics* 105 (1995) Nr. 2, S. 296–325.

Ross, David: *The Right and the Good*, Oxford: Clarendon 2002.

Scanlon, Thomas M.: *What We Owe to Each Other*, Cambridge (MA): Harvard University Press 1998.

Schaber, Peter (1997): *Moralischer Realismus*, Freiburg i.Br.: Alber.

Schönecker, Dieter (1999): *Kant: Grundlegung III. Die Deduktion des kategorischen Imperativs*, Freiburg: Alber.

Schroeder, Mark (2008a): »What is the Frege-Geach Problem?«, in: *Philosophy Compass* 3/4, S. 703–720.

– *Being for. Evaluating the Semantic Program of Expressivism*, Oxford: Oxford University Press 2008b.

– *Noncognitivism in Ethics*, London: Routledge 2010.

Searle, John R.: »Meaning and Speech Acts«, in: *The Philosophical Review* 71 (1962) Nr. 4, S. 423–432.

Shafer-Landau, Russ: *Moral Realism. A Defence*, Clarendon Press: Oxford 2003.

Sidgwick, Henry: *The Methods of Ethics* [1874], Indianapolis: Hackett Publishing 1981.

Sinnott-Armstrong, Walter: »Moral Relativity and Intuitionism«, in: *Philosophical Issues* 12 (2002), S. 305–328.

Smith, Michael: »Dispositional Theories of Value«, in: *Proceedings of the Aristotelian Society, Supplementary Volumes* 63 (1989), S. 89–111.

– *The Moral Problem*, Oxford: Blackwell 1994.

Smith, Nicholas H. (Hrsg.): *Reading McDowell: On ›Mind and World‹*, New York: Routledge 2002.

Sobel, David: »Full Information Accounts of Wellbeing«, in: *Ethics* 104 (1994) Nr. 4, S. 784–810.

Stevenson, Charles L.: »The Emotive Meaning of Ethical Terms«, in: *Mind. New Series* 46 (1937) Nr. 181, S. 14–31.

– »Die emotive Bedeutung ethischer Ausdrücke«, in: Grewendorf, Günther / Meggle, Georg (Hrsg.): *Seminar: Sprache und Ethik*, Frankfurt a. M.: Suhrkamp 1974, S. 116–139.

Stratton-Lake, Philip (Hrsg.): *Ethical Intuitionism. Re-Evaluations*, Oxford: Oxford University Press 2002.

Street, Sharon: »What is Constructivism in Ethics and Metaethics?«, in: *Philosophy Compass* 5 (2010) Nr. 5, S. 363–384.

Sturgeon, Nicholas: »Harman on Moral Explanations of Natural Facts«, in: *The Southern Journal of Philosophy. Supplementary Volume* XXIV (1986), S. 69–78.

– »Moral Explanations« [1984], in: Sayre-McCord, Geoffrey (Hrsg.): *Essays on Moral Realism*, Ithaca: Cornell University Press 1988, S. 229–255.
– »Nonmoral Explanations«, in: *Philosophical Perspectives* 6 (1992), S. 97–117.
Svavarsdóttir, Sigrún: »Moral Cognitivism and Moral Motivation«, in: *The Philosophical Review* 108 (1999) Nr. 2, S. 161–219.
Timmons, Mark: *Morality without Foundations. A Defense of Ethical Contextualism.* Oxford: Oxford University Press 1999.
– »The Limits of Moral Constructivism«, in: *Ratio* 16 (2003) Nr. 4, S. 391–432.
– / Greco, John / Mele, Alfred (Hrsg.): *Rationality and the Good*, Oxford: Oxford University Press 2007.
Tugendhat, Ernst: *Vorlesungen über Ethik*, Frankfurt a. M.: Suhrkamp 1993.
van Roojen, Mark: »Moral Cognitivism vs. Non-Cognitivism«, in: Zalta, Edward N. (Hrsg): *The Stanford Encyclopedia of Philosophy* (2011), online unter: http://plato.stanford.edu/archives/spr2011/entries/moral-cognitivism/.
Wasserman, Ryan: »Material Constitution«, in: Zalta, Edward N. (Hrsg.): *The Stanford Encyclopedia of Philosophy* (2009), online unter: http://plato.stanford.edu/archives/spr2009/entries/material-constitution/.
Wiggins, David: »A Sensible Subjectivism?«, in: D.W.: *Needs, Values, Truth*, Oxford: Blackwell 1987, S. 185–211.
Williams, Bernard: *Descartes. The Project of Pure Enquiry*, New York: Routledge 1978.
Wood, Allen: *Kant's Ethical Thought*, Cambridge (GB): Cambridge University Press 1999.
Wright, Crispin: »Realism, Antirealism, Irrealism, Quasi-Realism«, in: *Midwest Studies in Philosophy* 12 (1988a) Nr. 1, S. 25–49.
– »Moral Values, Projection, and Secondary Qualities«, in: *Proceedings of the Aristotelian Society, Supplementary Volume* 63 (1988b), S. 1–26.

Wright, Crispin: *Truth and Objectivity*, Cambridge (MA): Harvard University Press 1992.

Zangwill, Nick: »Moral Mind-Independence«, in: *The Australasian Journal of Philosophy* 72 (1994) Nr. 2, S. 205–219.

– »Against Analytic Moral Functionalism«, in: *Ratio* XIII 3 (2000), S. 275–286.

– »Against Moral Response-Dependence«, in: *Erkenntnis* 59 (2003), S. 285–290.

# Personenregister